Edition Akzente
Herausgegeben von
Michael Krüger

Jochen Hörisch
Die ungeliebte Universität

Rettet die Alma mater!

Carl Hanser Verlag

1 2 3 4 5   10 09 08 07 06

ISBN-10: 3-446-20805-4
ISBN-13: 978-3-446-20805-6
© 2006 Carl Hanser Verlag München Wien
Umschlag: Peter-Andreas Hassiepen, München,
unter Verwendung des Motivs »Die große Aula«
der LMU München. Foto © Ingrid Voth-Amslinger.
Satz: Filmsatz Schröter, München
Druck und Bindung: Friedrich Pustet, Regensburg
Printed in Germany

In memoriam Arthur Henkel

Inhalt

1.
Habe nun, ach – Wieviel Liebe verdient die Universität?

Ohne den Seufzer »ach« können prominente Äußerungen über die deutsche Universität offenbar nicht auskommen. »Habe nun, ach! Philosophie, / Juristerei und Medizin, / Und leider auch Theologie! / Durchaus studiert, mit heißem Bemühn.«[1] Bekanntlich ist Faust durch all seine weitgespannten universitären Aktivitäten nicht glücklicher geworden. Vielmehr ist der herausragende Gelehrte die Universität gründlich leid. Er liebt sie und seinen Beruf nicht (mehr). Faust will den akademischen Kerker, den von Staub bedeckten Bücherhauf, an dem die Würmer nagen, und das mit Gläsern, Büchsen und Instrumenten vollgepfropfte Mauerloch fliehen. Und so wendet er sich, ein zweites »Ach« seufzend, an den Mond. »Ach! könnt' ich doch auf Bergeshöhn / In deinem lieben Lichte gehen / (…) Von allem Wissensqualm entladen, / In deinem Tau gesund mich baden!«[2]

Von seinem Leiden an der Universität genesen möchte auch ein Student, der keinen anderen Namen als den der Weisheit selbst trägt: Nathanael. Anders als Faust verfällt er jedoch, so erzählt es E.T.A. Hoffmanns 1817 erschienenes Nachtstück *Der Sandmann*, keinem jungen blühenden Mädchen namens Gretchen, sondern der von Professor Spalanzani perfekt konstruierten Automate namens Olimpia. Zu ihrer Unwiderstehlichkeit trägt entschieden bei, daß sie nicht so kommunikationslustig ist wie Nathanaels Verlobte Clara, deren Namen auf ihre resolute und robuste Aufgeklärtheit verweist. Anders als Clara kann Olimpia nur eine

9

Silbe hauchen. Eine Silbe, die es in sich hat. »›Liebst du mich?‹ So flüsterte Nathanael, aber Olimpia seufzte, indem sie aufstand, nur: ›Ach – Ach!‹ ›Ja, du mein holder, herrlicher Liebesstern, sprach Nathanael, bist mir aufgegangen und wirst leuchten, wirst verklären mein Inneres immerdar!‹ ›Ach, ach!‹ replizierte Olimpia fortschreitend.«[3] Wie Faust sucht Nathanael ein Licht, einen Stern, eine Erleuchtung, welche höher ist denn alle Vernunft und die ihm die Universität sowenig geben kann wie die pragmatisch orientierte Verlobte mit dem sprechenden Namen Clara.

Spricht die Seele, so spricht, ach, schon die Seele nicht mehr. Schillers geflügeltes Wort zielt auch auf die romantisch beklagte Seelenlosigkeit eines Wissenschaftsbetriebs, der alles und noch das unsagbar Tiefe sachlich analysieren bzw. kommunikativ verflüssigen will und ebendadurch verfehlt. Das leidend dahingehauchte »Ach« verhilft stets einer Verfehlung zum Ausdruck. Es ist keine andere Verfehlung als die, daß ein Sachverhalt nicht recht und angemessen zur Sprache kommen kann. Auch Alkmene in Kleists Drama *Amphitryon* hat nach all den irdischen Verdunkelungen und göttlichen Erleuchtungen, die sie durchmachen muß, nur ein Schlußwort parat: natürlich und selbstredend das »Ach«. E. T. A. Hoffmanns Universitätsnovelle und Nachtstück macht sich ersichtlich über die vielen tiefsinnigen »Achs« der deutschen Literatur um 1800 lustig. Und sie macht, mit welchem Grad an auktorialer Bewußtheit auch immer, darauf aufmerksam, daß die Silbe »ach« den Kern des Worts Spr*ach*e bildet: »Ach-Ach! Ja, … sprach Nathanael«, um dann sofort von den Illuminationen zu sprechen, die jenseits aller Sprache ihre Heimat haben.

Die Silbe »ach« ist jedoch nicht nur der Nukleus des Wortes Sprache, sondern auch der des Wortes S*ach*e. Wie Sprache und Sache bzw. Sachverhalt zueinanderkommen können – ebendies herauszufinden und auszum*ach*en ist nun aber seit ihren Anfängen die genuine Aufgabe der Universität. Ihre regulative Idee war und ist selbst in konstruktivistischen, relativistischen und dekonstruktiven Zeiten die »adaequatio rei et intellectus« (die angemessene Entsprechung von intellektueller Repräsentation und Sachverhalt). Wie sie dieser Aufgabe, zwischen richtigen und falschen Aussagen zu unterscheiden, am besten gerecht werden kann, ist ebenfalls seit ihren Anfängen umstritten. Und so gibt es geradezu einen Kanon von Fragen, die die Universitätsgeschichte wie ein Basso continuo begleiten:[4] welche Autorität denn über die ersichtlich so gewichtige Richtig/Falsch-Differenzierung entscheiden solle (die Kirche, der Staat, die Universität, die Medien), ob es sicheres Wissen überhaupt geben könne, wer denn aufgrund welcher Qualifikation lehrend bzw. lernend an die Universität gehöre, ob es einen bzw. welchen Wissens-Kanon es geben solle, wie das Verhältnis der Fächer zueinander sei, wie die Universität zu finanzieren sei, welchen Grad an Unabhängigkeit sie haben solle und ob das überhaupt alles sinnvoll sei, was da unter dem Label »Universität« geschehe. So viele Fragen, so viele Anlässe, »ach« zu seufzen.

Oder aber: so viele Anlässe, die Universität begeistert zu feiern – als die unvergleichliche Stätte eines freien Geistes, als im Idealfall »unbedingte Universität«,[5] als Alma mater, die all diese Fragen zuläßt und keine fremde Gewalt anerkennt. Dem Universitätsseufzer »ach« entgegnet dann der akademische Jubelruf »vivat«. Nirgends erschallt dieser Ausruf überzeugter und überzeugender als in Eichendorffs Dichtung. Sie kennt ein Leitmotiv – das des wandernden, in jedem Wortsinne freien und beweglichen Kopfes, der die Universität heiß und hingebungsvoll liebt, weil sie die Sphäre großzügiger, ja verschwenderischer Freiheit ist. Dazu gehört, wie kein anderer als der konservativ gesinnte Eichendorff weiß, ein positives Verständnis des »Taugenichts«, also all dessen, was dem auf Effizienz bedachten Blick hochgradig suspekt ist. Geliebt und verehrt wird die Universität und die Studienzeit, weil »eigentlich das ganze Studentenleben eine große Vakanz (ist) zwischen der engen, düstern Schule und der ernsten Amtsarbeit«.[6]

Wer die Universität als »Vakanz«, als Freiraum und als Freizeit im besten Wortsinne versteht, hat allen Grund, ihr enthusiastisch zu huldigen. Huldigungsverse auf das freie Universitätsleben würden wohl auch dann erklingen, wenn die Münder, die sie hervorbringen, nicht zuvor einen Schluck guten Weins genossen hätten. »Da tranken die Studenten noch einmal herum und stimmten dann frisch ein Lied an, daß es weit in die Berge hineinschallte:

Nach Süden sich nun lenken
Die Vöglein allzumal,
Viel Wandrer lustig schwenken
Die Hüt im Morgenstrahl.
Das sind die Herren Studenten,
Zum Tor hinaus es geht,
Auf ihren Instrumenten
Sie blasen zum Valet:
Ade in die Läng und Breite,
O Prag, wir ziehn in die Weite:
Et habeat bonam pacem,
Qui sedet post fornacem!«[7]

Den übermütigen Studenten geht es gut – zu gut, wie diejenigen meinen, die hinter dem Ofen ihren Frieden suchen. Wer sich auf die als Dauer-Vakanz-Institution verstandene

Universität einläßt, hat zweifellos reizvolle Lebensbedingungen. Aber so gut geht es ihm nun auch wieder nicht. Er verzichtet nämlich zugunsten intellektueller Beweglichkeit auf sichere Ofenwärme. Die hymnisch gefeierte Universität ist ein paradoxer Ort. Denn sie verspricht denen, die sich in ihr dauerhaft aufhalten, ein bemerkenswertes Privileg: die Sicherheit eines Beamtendaseins. Dafür erwartet sie aber ein entspanntes Verhältnis zu Abenteuern: daß sich lehrende und forschende Beamte systematisch, dauerhaft und dennoch lustvoll auf die Unsicherheiten einlassen, ohne die Wissenschaft nun einmal nicht zu haben ist. Ob Professoren mit diesem Privileg und diesem Paradox immer produktiv umgehen?

An Eichendorffs Alma-mater-Huldigungsdichtung fällt denn auch auf, daß sie auf das Leben der Studenten und nicht auf das der Dozenten fixiert ist. Eichendorffs Ideal-Universität ist eine Alma mater, die sich in leidenschaftlicher Liebe um ihre Kinder (und über längste Zeiten waren die Alma-mater-Kinder ausschließlich Söhne) kümmert. Deshalb wird sie von ihren Kindern leidenschaftlich zurückgeliebt und verehrt. Die romantische Universität ist der Glücksort der Studenten, und die Studienzeit ist die schönste Zeit des Lebens. Junge Studierende leben anders als Professoren in einer suggestiven biographischen »Vakanz« und passen ebendarum zu der Korporation, die selbst die ideale Verkörperung des Freiraums ist. Weniger romantisch, nämlich psychotechnisch formuliert: Studenten leb(t)en in einer künstlich verlängerten Adoleszenz, einem großzügigen Moratorium, das sie von den Zwängen der Schulpflichtzeit und der Nötigung zum Broterwerb freistellt(e). Das macht(e) sie frei und – in die Freiheit verliebt. Immer wieder beschwört Eichendorff und nicht nur er die Alma mater als erotische Sphäre.

Mit der Liebe teilt der Wissensdrang das Risiko, auf spröde Ablehnung zu stoßen und keine Erfüllung zu finden. Nicht nur die Liebe, auch das Wissen liebt das Wandern. Um den alten, aber unverbrauchten Kalauer zu bemühen: Je freier der Forscher, desto forscher der Freier. Das gilt auch für Eichendorffs Ideal-Studenten. Sie wandern unablässig, sie gehen systematisch fremd, und sie verehren die schöne Fremde.

Der wandernde Student

Bei dem angenehmsten Wetter
Singen alle Vögelein,
Klatscht der Regen auf die Blätter,
Sing ich so für mich allein.

Denn mein Aug kann nichts entdecken,
Wenn der Blitz auch grausam glüht,
Was im Wandern könnt erschrecken
Ein zufriedenes Gemüt.

Frei von Mammon will ich schreiten
Auf dem Feld der Wissenschaft,
Sinne ernst und nehm zu Zeiten
Einen Mund voll Rebensaft.

Bin ich müde vom Studieren,
Wann der Mond tritt sanft herfür,
Pfleg ich dann zu musizieren
Vor der Allerschönsten Tür. [8]

Daß die Universität an Problemen des schnöden Mammon nicht ganz vorbeisehen und -gehen kann, ist ihr eher peinlich. Auch die ideale Alma mater, die ihre Studenten und Dozenten so großzügig alimentiert, muß ihrerseits alimentiert werden. Wie und von wem – das ist heute in Deutschland umstrittener als je zuvor. Nicht eigentlich bestritten, wohl aber selten thematisiert wird heutzutage hingegen, was der klassischen Alma mater noch ganz und gar selbstverständlich war: daß sie nicht nur viel wert, sondern eben auch liebenswert ist und leidenschaftlich geliebt werden will. Die Sphäre der Universität ist eine erotische Sphäre – gewesen. Daran lassen nicht nur Eichendorffs Huldigungszeilen, sondern auch die universitären Grundmetaphern keinen Zweifel.

»Fakultät für Wißbegierde« steht als Absender auf den Briefen eines befreundeten niederländischen Kollegen zu lesen. Die herrlich anachronistische Bezeichnung macht, so sachlich-unauffällig sie sich auf dem Briefumschlag der Universität Nijmegen auch ausnehmen mag, doch deutlich, daß noch im Projekt des modernen Wissenschaftsbetriebs Universität so etwas wie eine rudimentäre Restlibido steckt. Ohne »unreine« Libido ist selbst das Projekt der reinen Vernunft nicht zu haben. Gerade ein so unschuldig rational scheinender Begriff wie der der ›Aufklärung‹ hat seinen sexuellen Hinter-, ach was: Primärsinn. Die frühste Form von Aufklärung vor aller Religions-Kritik und Kant-Lektüre verschafft uns Wissen über das, was uns noch und gerade dann, wenn wir keine Kinder mehr sind, erregt. Wer lustvoll studiert, will die lautere Wahrheit erkennen, die bloße, entschleierte, nackte Wahrheit und nichts als die nackte Wahrheit. »Und er erkannte sie« – die Wahrheit. Cognoscere feminam / veritam: die Wahrheit ist, wie der dissidente Professor für klassische Philologie Nietzsche erkannte, weiblich. Wer erkennt, den treibt der Amor scientiae, der Wunsch nach tiefen Einblikken, die Gier nach Neuem, die systematisierte Neugierde. Er will offenlegen, entschleiern und erkennen – und all das heißt: fruchtbare Forschungsergebnisse erzielen.

Aus dem Umstand, daß sie fundamentalerotologische Formationen freisetzen, haben die klassischen Ideen der Akademie, der Alma mater und der Universität kaum ein Hehl gemacht. Was nicht ausschließt, daß sie wenig Interesse daran hatten, ihr offenbares libidinöses Geheimnis nach außen zu tragen. Sie haben vielmehr gleichsam innersphärisch gesprochen. Wer Platons *Phaidros*-Dialog liest, wird über (in diesem Fall eben: platonische) Liebe viel, über die peripatetische Wissenschaftsorganisation der Akademie hingegen vergleichsweise wenig, eben Sekundäres und Sekundärkritisches, konkreter: Medienkritisches erfahren. Schrift ist schlecht, weil sie aus toten Buchstaben besteht, das lebendige, belebende und (auf)reizende Gespräch zwischen Männern ist gut. Platons Dialog kreist um die Idee des pädagogischen Eros, also um die Frage, wie Männer Männer mit Wissen schwängern und ihnen Methexis (Teilhabe) an den höchsten Ideen verschaffen können. Und die Antwort auf diese Fragen ist, Derridas *Postkarte* hat es eindringlich gezeigt, von verblüffender Einfachheit: indem sie sich erotisch wechselseitig faszinieren. Wenn das gelingt, entscheiden sich die wissens- und weisheitsbegierigen Männer gegen Xanthippe und für Sapientia.[9] Das erotologische Schema, demzufolge Männer einer weiblichen Korporation (der Akademie, der Universität, der Alma mater, der Mutter Kirche, der Armee) huldigen, aber real existierende Frauen aus ebendieser Institution ausschließen, behält erstaunlich lange seine Geltung. Im Mittelalter setzt sich eine suggestive rhetorische Formel durch, die dieses Schema transparent werden läßt. Wer überlegte, ob er profaner Mensch bleiben oder aber ein der sakralen Sphäre verschriebener Mönch werden, ob er eine Familie haben und Kinder zeugen oder aber Bücher (ab)schreiben und Wissen bezeugen solle, konnte das anhand eines ebenso witzigen wie tiefsinnigen lateinischen Wortspiels tun: aut liberi aut libri / entweder Kinder oder Bücher produzieren.

Die klassische Alma mater hat die platonische Akademie-Idee aufgegriffen und überformt. Auch sie macht aus ihrer erotischen Obsession kein oder allenfalls ein überaus offenbares Geheimnis. Daß sie (wie die anderen traditionsmächtigen Großinstitutionen Kirche und Armee) weiblichen Geschlechts und näherhin Mutter, nämlich nährende Mutter ist, gibt sie schon in ihrem Namen überdeutlich zu erkennen. Wie die Mutter Kirche nährt die Alma mater ihre Mustersöhne in verrückter Mutterliebe. Töchter mag sie hingegen nicht so recht. Ihre Söhne aber verwöhnt sie nach Strich und Faden. Sie haben alle Freiheiten und dürfen machen, was sie wollen: zum Beispiel darüber nachdenken, wie viele Engel auf eine Nadelspitze passen, Einhörner jagen oder – eines ihrer Lieblingsspiele – Anhänger falscher Schulen oder Ketzersöhne ausfindig machen, die der Alma mater und der ihr prekär liierten Mutter Kirche nicht die rechte Liebe und Verehrung entgegenbringen. »Alma mater« war nicht umsonst ein Ehrentitel, der Demeter/Ceres und später auch der Muttergottes Maria verliehen wurde: »alma redemptoris mater« lautet die Formel mittelalterlicher Huldigungsgesänge an die Muttergottes (beiläufig: eine exquisite Konstruktion). Kein Wunder, daß Alma-mater-Söhne der Mutter, die sie so gewähren läßt, kultische Dankbarkeit entbieten. Wenn sie ihre Mutter rituell ehren, ziehen ihre Söhne Talare und also ersichtlich Frauengewänder an – so wie die Priester nicht nur dann, wenn sie die Frauenaufgabe schlechthin erfüllen, nämlich den Tisch des Herrn zu bereiten und Essen zu verteilen, sich in feminine Gewänder kleiden, um der Mutter Kirche eine große Freude zu bereiten.[10]

Noch die humboldtsche Reformuniversität hat gewußt, daß sie auf spezifisch neuzeitliche Transformationen der alten Alma-mater-Libido angewiesen ist, wenn sie fruchtbar werden und Wissen, Bildung, Forschungsergebnisse und preußischen Beamtenoutput mehren will. Keine andere Korporation dürfte Worte mit dem Präfix »Phil-« so hochgehalten haben wie die Humboldt-Universität: sie pflegt den Kult um Philosophie, Philologie, Philharmonie, Philanthropismus, Philhellenismus. Die philosophische Fakultät ist der heiße Kern der humboldtschen Universität. Denn dieser Kern organisiert eben nicht das Wissen, sondern die Liebe zum Wissen. Also eine Liebe, die weiß, daß sie unendlich strebt und sich nie erfüllt, die weiß, daß es eigentlich die Liebe selbst und nicht etwa die, der und das Geliebte ist, was wir eigentlich lieben. »So taumle ich von Begierde zu Genuß. / Und im Genuß verschmacht ich nach Begierde«, stöhnt der prototypisch wißbegierige Faust, der weiß, daß wir nichts wissen können, welche Einsicht ihm schier Herz und Hirn verbrennen will. Doch auch das ist eine heiße und leidenschaftliche Erfahrung. Die Frau, die der paradigmatische Bildungsroman-Protagonist Wilhelm Meister am leidenschaftlichsten liebt, heißt aus gutem Grund Philine.

Die universitätsspezifische Leidenschaft ist eine Passion in jedem Wortsinne. Sie weiß, daß es im Zweifelsfall besser ist, Schleier zu machen als nackt und bloß dazustehen. Denn sonst gäbe es ja nichts mehr zu entschleiern. Systeme brauchen Probleme – und deshalb lernen Systeme, etwa mit der Humboldtschen Universitätsneugründung, daß sich Probleme stets schaffen und vermehren lassen. Wer viel erkennt, erkennt systematisch, daß er stets noch mehr nicht erkennt. Um nochmals den, wie es in Fontanes *Stechlin*-Roman heißt, »sentimentalen ›Habe-nun-ach-Mann‹« zu zitieren: Zwar weiß ich viel, doch möchte ich alles wissen.»Ach« sagt Faust so gerne, weil er, klug wie er ist, weiß, daß man nicht alles wissen kann. Die Universität ist eine libidinöse Institution, die die Unstillbarkeit ihres Begehrens nach Wissen klug als Erfüllung des Begehrens begreift, das es nicht gäbe, wenn es Erfüllung fände. Die Alma mater ist bzw. war eine Korporation, an der, um Walter Benjamins drastische Wendung aufzugreifen, die sokratische »Erektion des Wissens«[11] sich in Huldigungen weiblicher Körperschaften sublimiert.

Die wilde Universitätskrise von 1968 kann unter vielen, aber eben auch unter diesem libidinösen Gesichtspunkt analysiert werden. Sie offenbart sich dann als hochpassionierter Liebeskampf um die Universität, als eine ebenso pathetische wie pathologische, leidenschaftliche und wechselseitig bei Lehrenden wie Lernenden Leiden schaffende Liebeserklärung an die Alma mater. Sie, die großzügige Nährmutter, soll, so die Perspektive der gegen den Vaterstaat revoltierenden Studenten, nicht Monsieur le Capital in die Arme getrieben werden. Sie soll und darf sich nicht prostituieren; sie muß das tun, was liebevolle Mütter immer machen: ihre genial aufbrausenden Söhne gegen die Vater-Raison und die Vater-Untaten in Schutz nehmen. Auch aus der Perspektive ihrer professoralen Verteidiger, die in diesen Krisenjahren ihrem Begriff Ehre machen und zu Bekenntnislust neigen, wird die Universität erotisch umworben und bündisch gefeiert: sie soll, so will es etwa der »Bund Freiheit der Wissenschaft«, weiterhin ihren ordinierten Lieblingssöhnen die Privilegien wahren, die Lieblingssöhnen nun einmal zukommen müssen, wenn sie in Freiheit forschen und lehren wollen oder sollen. Beim (entspannten, distanzierten?) Rückblick auf die Studentenbewegung fällt allerdings auf, daß diese wechselseitigen und konfligierenden Liebeserklärungen von Studenten und Professoren an die Alma mater eher verschämt geäußert und wechselseitig mißverstanden wurden. Sie waren schon um 1968 und trotz der damals herrschenden Hochkonjunktur für psychoanalytisch inspirierte Reden so etwas wie ein eifersüchtiger Subtext, der die dominierende, forciert sachlich-bürokratische Reform-, Sozial- und Politiksemantik wie ein halb wissendes, halb obszönes Raunen begleitete.

Daß sich seitdem viel verändert hat, ist ein Satz, der so gut wie immer wahr ist. Ein Datum aber springt beim Almamater-Vergleich 1200/1810/1968/2006 tatsächlich kraß ins Auge: die Universität hat ihre liebenswerten, ihre leidenschaftlichen bis erotischen Qualitäten in den letzten Jahren und Jahrzehnten gänzlich verloren. Um im psychoanalytischen Fachjargon zu formulieren: Bedürfnisse nach libidinöser Besetzung von Sphären und Institutionen finden heute eher im Reich des Sports, der Medien oder der Kultkultur eine unterschiedlich dimensionierte Erfüllung, nicht aber im universitären Bereich. Aus der innig geliebten Akademie- oder Alma-mater-Korporation ist eine geschlechtslose Institution, ein bürokratisches Neutrum bzw. das Paradox eines Monstrums ohne faszinierende Qualitäten geworden. Aus der begehrten, kultisch verehrten und gefeierten Körperschaft wurde erstaunlich schnell die ungeliebte Universität. Die heutige Universität ist nicht länger eine Alma mater, sondern eine (Hoch-)Schule, eine verwaltete, modularisierte, gremienfixierte, von einem Aufsichts- bzw. Universitätsrat nach ökonomischen Kriterien kontrollierte und ECTS-Werte gutschreibende Institution. ECTS: das Kürzelmonster steht für »European Creditpoints-Transfer-System«, das den verbindlichen Wert bestimmter Lehrveranstaltungen für alle europäischen Universitäten festlegt, die am sogenannten Bologna-Prozeß (dazu im Kapitel 3 mehr) beteiligt sind.

Man muß kein hypersensibler Sprachfetischist sein, um den Unterschied zwischen Klängen wie »Alma mater« und »ECTS« ermessen zu können. Die Alma mater wurde geliebt, die Institution, die ECTS-Punkte vergibt, liebt keiner mehr. Warum auch sollten Studierende die Universität heute noch lieben? Sie hat ihnen wenig zu bieten. Diese anonyme, geschlechtslose, bürokratische Un-Mutter läßt ihre Kinder, zu denen nun endlich auch in größerer Zahl Töchter zählen, verwahrlosen. Am wenigsten kann sie ihnen die Perspektive bieten, nach Ausflügen in die weite Welt in die Nähe des Mutterschoßes zurückkehren zu dürfen. Verheißungsvolle Zukunftsperspektiven für den akademischen Nachwuchs – wo sind sie? Und warum sollten Dozenten und Professoren die heutige Universität lieben? Ihren lustvoll besetzbaren Sonderstatus, für buchstäblich alles Abartige gratifiziert und bewundert zu werden, haben sie verloren. In harter Konkurrenz kämpfen Professoren und Professorinnen um knappe Drittmittelressourcen, wo früher die Alma mater den Männerbund alimentierte. Drittmittel: schon das Wort zeigt an, daß Mutter-Kind-Symbiosen aufgebrochen sind. Daß Politiker die Universität nicht lieben, ist evident. Die Gründe dafür sind es auch: Universitäten sind relativ teuer, klagen aber ständig und zu Recht über Unterfinanzierung; Universitätspolitik ist deutlich unpopulärer und weniger wahlstimmenträchtig als etwa die Sportförderung; Studenten, wenn sie nicht bei Max Weber gehört oder sein Werk gelesen haben und ihm zustimmen, kritisieren, ja verachten Politiker seit jeher; und Professoren spielen zwar gerne die Rolle etwa von »Wirtschaftsweisen«, sind aber klug genug, nicht das Amt eines Wirtschafts- oder gar Finanzministers anzustreben. Wo ist, wenn wir den Blick von Hans Maier und Kurt Biedenkopf über Werner Maihofer zu Peter Glotz schweifen lassen, der

Politiker, dessen hochschulpolitisches Engagement seiner politischen Karriere dienlich gewesen wäre?

Mit einem bzw. zwei Worten: Am Ende des zweiten und zu Beginn des dritten Jahrtausends präsentiert sich die Universität auffallend unattraktiv und unerotisch; sie ist offensichtlich libidinös verwahrlost. Thematisiert wird dies aber allenfalls auf recht versteckten Umwegen. Gibt es doch in jüngster Zeit ein auffallendes und interpretationsbedürftiges Interesse an erotischen Aspekten von Professoren-Biographien. In den letzten Jahren haben so herausragende und doch so unterschiedliche Professoren wie Max Weber, Martin Heidegger und Theodor W. Adorno indiskrete Biographen gefunden. *Die Leidenschaft des Denkens* ist der präzise Titel von Joachim Radkaus Max-Weber-Biographie,[12] die umfänglich darlegt, wie der junge Gelehrte seine Frau Marianne erotisch vernachlässigte, dafür aber die Universität bis zum Wahnsinn umwarb, bevor er spät auch außerhalb der Universitätsmauern eine Erfüllung seines masochistischen Begehrens fand. Webers Biograph schreibt vom »Masochismus seiner Arbeitswut: (vom) Bedürfnis nach Selbstquälerei mit der Wissenschaft«; und er diagnostiziert: »Letztlich entsprang seine Wissenschaft dort, wo er schöpferisch war, doch der Liebe und der Lust, wenn auch einer Lust besonderer Art.«[13] Die Wendung von der »Leidenschaft des Denkens« würde auch zu Adornos und Heideggers Viten passen. Gemeinsam ist diesen leidenschaftlichen Denkern, daß sie nicht nur denkend leidenschaftlich waren. Ihr erotisches Leben entspricht so gar nicht gängigen Klischee-Vorstellungen von geregelten Beamten-Lebensläufen, provinziellem Kleinstadtverhalten und älteren Herren, die sinnend Feldwege im Schwarzwald beschreiten. Vielmehr spricht vieles dafür, daß noch und gerade ein so psychoanalyse- und psychologiefeindlicher Tiefen-Denker wie Heidegger beim Nachdenken über Aletheia und Unverborgenheit, über Lichtungen des Seins und das Entbergungsgeschehen der Wahrheit Hintergedanken haben konnte, die nicht nur metaphysischen Sphären zuzuordnen sind.

Vor fast zwanzig Jahren schon (genauer: am 12. März 1987, auf einer Tagung von Hochschulplanern und Hochschultherapeuten in Oldenburg) hielt der 1927 geborene Berliner Religionsphilosoph Klaus Heinrich, der nach dem Zweiten Weltkrieg zu den studentischen Mitbegründern der Freien Universität Berlin zählte, eine bemerkenswerte Rede, in der er der Universität diese Diagnose stellte:

»Was jeden Angehörigen meiner Generation verblüfft, ist die totale Enterotisierung der Beziehung zwischen den Universitätsmitgliedern und ihrer Institution. Die Universität ist nicht mehr Haß- und Liebesobjekt, so wie zuletzt noch für die Generation der Studentenbewegung der Sechzigerjahre, die ihr unter heftigem Rütteln und Schütteln eine Liebeserklärung machte, die sie als Institution nicht verstand, und sie wurde auch nicht mehr mit der Bitterkeit der Unverstandenen verteidigt. Es gibt keine Universitätsutopien mehr, und immer weniger ehemalige Universitätsutopisten werten dies als das Charakteristikum einer Umbruchszeit. Folgerichtig ist die Universität mit ihren Problemen auch dem öffentlichen Interesse abhanden gekommen, das über erotische Identifikation mit den Beteiligten viele Jahre lang an dem Scheitern dieser ihrer letzten Liebesbeziehung teilgenommen hat. Und die Enterotisierung ist so komplett, daß nicht einmal der Rest von Schoßcharakter, den Institutionen sonst bieten, und mütterlicher Nährfunktion, die den Brüsten der Alma mater über Jahrhunderte hinweg angedichtet worden war, zurückgeblieben ist: Seit dem Assistenten- und Dozentenlegen, das die Generation nach der von einer wunderbaren Stellenvermehrung profitierenden, für ihre Mitwirkung an der technologischen Reform mit Lebenszeitprofessuren Belohnten ereilt hat, bietet sie streng durchgeplante Wege in ein berufliches Nichts und Teilzeitjobs. Den geisteswissenschaftlichen Fächern ist fast nichts von geistiger Attraktivität geblieben, auch wenn diese sich zuletzt nur in Beschimpfungen oder Befehdungen geäußert hatte – der enormen Vergrößerung der Institution korrespondiert der Auszug aus ihr: sei es, daß die Studierenden auf ihren Besuch verzichten, sei es, daß sie sie längst innerlich verlassen haben. Ich fürchte, ich gehe mit der Vermutung nicht fehl, daß hier die Lernenden das Verhältnis der Lehrenden zu ihrer Institution getreulich spiegeln. Was ist der Grund für einen derartigen Exodus?«[14]

Welche Motive gibt es für den Auszug des Geistes und der Wißbegierigen aus der Universität?

2.

Von der Alma mater über die
Universität zur Hochschule

So einfach ist es bekanntlich heute in westlichen Breiten und postlibertären Sphären nicht mehr, noch gründlich oder abgründig zu provozieren. Von diesem wohlfeilen Satz gibt es eine bemerkenswerte Ausnahme, die nicht ohne Grund vor allem auf dem Campus Geltung hat: Verstöße gegen die *political correctness* provozieren verläßlich und sind doch dann unvermeidlich, wenn man es zumindest für denkbar und möglich hält, daß das, was der Fall ist, der Fall ist, obwohl es nach Maßstäben der *political correctness* nicht der Fall sein sollte. Wer messerscharf schließt, daß nicht sein kann, was nicht sein darf, mag sich politisch korrekt verhalten, taugt aber kaum zum analytisch unbestechlichen Wissenschaftler. Nun spricht sehr viel für die Annahme, daß die (um noch einmal Klaus Heinrichs Schlüssel-Formel zu bemühen) »totale Enterotisierung der Beziehung zwischen den Universitätsmitgliedern und ihrer Institution« paradoxerweise mit der rasant zunehmenden Präsenz kluger, schöner, junger und reifer Frauen auf dem Campus zu tun hat.

Wie das? Vertrackt einfach. Die Alma mater war unübersehbar, aber doch auch ohne den Willen, dies allzu deutlich zu thematisieren, eine männerbündische Korporation – ein Männerbund,[15] der sich (wie alle Männerbünde) selbstredend dem Dienste der großen Mutter verschrieben hatte. Unter den klassischen männerbündischen Körperschaften nimmt die Alma mater allerdings eine Randstellung ein. Läßt sie doch die Liebe zum Heteron zu und mit ihr die Überlegung, alles könne eigentlich ganz anders sein, als es sich zuvor offenbare. Professoren und Studenten können und sollen anders als Priester dem anderen Geschlecht zugetan sein. Zur Kenntlichkeit entstellt, aber dennoch bis heute hochgradig mit Tabus verstellt ist das psychodynamische Schema des homophilen Männerbundes deshalb bei derjenigen Institution, die fast so altehrwürdig ist wie die Akademie, bei der Mutter Kirche. Die katholische Kirche ist ein homophiler und gynäphober Männerbund, sie ist die größte und traditionsreichste unter den männerbündischen bis homosexuellen Körperschaften. Wer sich als Mann unter Frauen eher unsicher und unwohl fühlt, wer neben seiner eigenen und einer jungfräulichen Gottes-Mutter keiner anderen Frau verfallen möchte, wer gerne lange Gewänder trägt, wer sich willig Schmuck um den Hals legt, wer liebevoll den Tisch bereitet und Brot verteilt, also die prototypisch weiblichen Aufgaben übernimmt, wer Interesse am Umgang mit jungen Meßdienern hat, wer sich von diesen beim An- und Auskleiden behilflich sein lassen möchte, wer gerne unter seinesgleichen bleibt, wem homosexuelle Neigungen nicht fremd sind, der ist gut beraten, wenn er Priester, Abt, Bischof oder über lilafarbene Socken verfügender Kardinal wird.

So ist es nicht erstaunlich, wohl aber immer noch ein schwer einzugestehendes Tabu, daß der Prozentsatz von Homosexuellen unter Priestern hochsignifikant über dem der Durchschnittsbevölkerung liegt. Jüngere Skandale wie der um einen erzkonservativen österreichischen Kardinal, der in öffentlichen Predigten »Lustknaben« eine höllische Zukunft ausmalte, ihnen aber gründlich verfallen war, wie der um die »dummen Bubenstreiche« (so die Aussage des zuständigen Bischofs) in einem Priesterseminar oder wie die bemerkenswert vielen teuren Prozesse wegen systematischen Knabenmißbrauchs durch US-Priester sind nicht etwa peinliche Ausnahme-Randphänomene, sondern entstellen vielmehr die Tiefenstruktur zur Kenntlichkeit, daß die Mutter Kirche wesentlich eine männerbündische und homoerotische Korporation ist. Eine Körperschaft, in der überdies die Regel gilt: je konservativer ihre Vertreter auftreten, desto anfälliger sind sie für die offenbar-geheimnisvollen sexuellen Abgründe ihrer Körperschaft, desto häufiger findet man in ihren Wohnungen Bilder des pfeildurchbohrten heiligen Sebastians und desto begeisterter loben sie den sadomasochistischen Film *Die Passion Christi*. Wenn die katholische Kirche heute unter einem Mangel an Priesternachwuchs leidet, dann hat das neben anderen Gründen auch diesen essentiellen Grund: daß es für Männer, die Männer mögen, heute trotz der Antihomosexuellen-Rhetorik der Kirche in liberalen Weltsphären glücklicherweise anerkannte und weitgehend diskriminierungsfreie Lebensformen außerhalb der Mutter Kirche gibt.

Um im Hinblick auf die These vom homoerotisch-männerbündischen Dispositiv der Kirche Mißverständnisse zu vermeiden: daß die sexuelle Orientierung eines Menschen heute in westlich-aufgeklärten, postmodernen Sphären kein Diskriminierungs- oder gar Verfolgungsgrund mehr ist, zählt zu den ganz großen und gegen kirchlichen Widerstand durchgesetzten Emanzipationserfolgen der letzten Jahrzehnte. Umgekehrt wäre das Verdienst, daß das katholische Kirchenleben über Jahrhunderte, ja zwei Jahrtausende hinweg Homosexuellen eine würdevolle, sozial anerkannte und für sublimierende Hochkulturleistungen sorgende Lebensform gewährte, kaum hoch genug zu schätzen, wenn es nicht mit massiven Verdrängungen, Tabuisierungen und projektiven Verfolgungen einhergegangen wäre. Zölibatär leben und

also den profan-sakralen Verpflichtungen an das Priester-
dasein entsprechen, können überdies Homo- wie Hetero-
sexuelle. Psychodynamisch und soziokulturell problematisch
ist allein die systematische und zum Teil militante Verdrängung einer Evidenz (das gilt heute auch im Hinblick auf das
Spannungsverhältnis zwischen manifest männerbündisch-
homophilen Tendenzen in muslimischen Kulturen und dem
dort herrschenden militanten Homosexualitätstabu). Genau
die Differenz Verdrängung bzw. Verschleierung vs. Offen-
legung bzw. Entschleierung unterscheidet nun aber die beiden ältesten Körperschaften der abendländisch-christlichen
Tradition, die durch Familienbande zusammengehalten wie
auseinandergetrieben werden und eine Familienbande bilden: die Mutter Kirche und die Alma mater. Die eine beruft
sich auf Offenbarungen und verschleiert systematisch ihre
psychodynamische Kernidentität. Die andere beruft sich auf
die Pflicht, das Nicht-Offenbare aufzuklären – und sei es ihre
eigene Verfassung.

Geliebt und verehrt werden bzw. wurden beide: die Mutter
Kirche wie die Alma mater. Beide Institutionen formieren
sich nach dem Bild einer Gemeinschaft, einer Korporation,
die so, wie es das berühmte Titelkupfer von Hobbes' *Levia-
than* zeigt, viele Einzelkörper zu einem übermächtigen Ge-
samtkörper zusammenschließt. Die Alma mater verstand sich
als »societas magistrorum et discipulorum«, als Gemeinschaft
der Lehrenden und Lernenden. Diese und die wahlver-
wandte Formel »universitas magistrorum et scholarium« lassen sich erstmals im Jahr 1215 nachweisen, als sie ein Kardi-
nallegat von Papst Innozenz III. für die Universität Paris
verwendete. Manifest wurde das darin ausgedrückte Kor-
porationsbewußtsein der mittelalterlichen und noch der
frühneuzeitlichen Universität durch eine Lebensweise, die

deutlich an der des Klosterlebens orientiert war. Die Bursen und Kollegienhäuser sorgten für gemeinsames Wohnen, die Mensa für gemeinsame Mahlzeiten, die Aula für gemeinsames Lernen.

Universitäten waren in vielerlei Hinsicht wie liberale Klöster organisiert – und sie sind es in den angelsächsischen Ländern noch immer! Wer aus den heutigen Universitätsstädten Göttingen, Berlin oder Konstanz kommt und den Campus von Cambridge oder den einer amerikanischen Universität betritt (es muß sich nicht einmal um ein Ivy-League-College handeln), dem fällt die lebensweltlich-phänomenale Differenz zwischen der deutschen und der amerikanischen Universität sofort in die Augen. Auf dem Campus ist man Mitglied einer Gemeinschaft, die keine Angst vor alltäglichen und außeralltäglichen Riten (wie dem commencement-day, der Verleihung von Doktorhüten und dem jährlichen Alumni-Treffen) hat. Daß man/frau stolzes Element dieser Körperschaft ist, gibt man/frau, wie schon die Aufschriften auf den T-Shirts zeigen, offensiv zu erkennen: Berkeley oder UVA, Northwestern oder Princeton ist und bleibt meine Alma mater, der ich auch später als Alumnus die Treue bewahre. Dort wohne ich, dort esse ich, dort lese ich, dort lebe ich, dort liebe ich, dort finde ich meine Freunde fürs Leben und vor allem: diesen Ort, diesen Topos, diesen Campus, diesen paradoxen, weil offenen und vieles eröffnenden hortus conclusus verehre ich, er ist mir wert, lieb und teuer.

Die Alma mater war ein alternatives, nämlich autonomes und offenes geistiges Kloster mit einem hohen emotionalen Bindungspotential, das dem der geistlichen Konkurrenz nicht nachstand. Beide Korporationen, die Kirche wie die Alma mater, haben nun aber in Deutschland, wenn auch in unterschiedlicher Weise, einen dramatischen Einbruch ihrer libidinösen Attraktivität erlebt. Anders als die Kirche hat sich die Universität jedoch stets auch als Ort nicht nur der himmlischen, sondern der handfesten und eben auch der heterosexuellen Liebe begriffen. Ohne Erotica, die häufig genug (etwa in »Frau Wirtin«-Gesängen) zotige Sphären streifen, ist kein literarischer Text denkbar, der Universitäres zum Thema hat. Das muß nicht immer so überdeutlich ausfallen wie in Goethes *Faust* – und so subtil. Überdeutlich erkennbar ist Fausts leidenschaftliche, wenn auch von narzißtischen und Midlife-crisis geplagten Momenten nicht freie Liebe zu Gretchen. Die unübersehbar vielfältige Forschungsliteratur zu Goethes *Faust*-Drama hat eben nicht auffällig häufig, sondern vielmehr bemerkenswert häufig übersehen, wie destruktiv diese Liebe ist und wie eigentümlich es ist, daß wir über frühere Lieben des ja nicht mehr ganz jungen Gelehrten schier nichts erfahren. Fausts Liebe zu Gretchen geht über Leichen. Gretchens Mutter, ihr Bruder Valentin und ihr von Faust empfangenes Kind fallen der späten Leidenschaft des Gelehrten zum Opfer. Freudige Mitschuld an diesen Verbrechen trägt Fausts ständiger Begleiter Mephisto. Er, der für Frau Marthes Werben nur Hohn und Spott und vor der Kirche höchsten Respekt hat, läßt sich von den männerbündischen Qualitäten der Alma mater, vor allem aber der Mutter Kirche sichtlich faszinieren.

Aus den subtilen Motiven für diese Faszination macht Mephisto allenfalls ein kleines, schnell zu enthüllendes Geheimnis. Sein Gespräch im »Studierzimmer« mit Faust über die Sphäre des akademischen Lebens kreist weniger um wissenschaftliche als um erotische Probleme. Gemeinsam mit Faust will er sich von der »dürren Heide« entsagungsvoller Forschung davon- und in die Gefilde der »schönen grünen Weide« des prallen Menschenlebens aufmachen. Fausts Replik auf diesen verführerischen Vorschlag ist die des nüchternen Wissenschaftlers:

FAUST. Wie fangen wir das an?
MEPHISTOPHELES. Wir gehen eben fort.
        Was ist das für ein Marterort?
        Was heißt das für ein Leben führen,
        Sich und die Jungens ennuyieren?
        Laß du das dem Herrn Nachbar Wanst!
        Was willst du dich das Stroh zu dreschen plagen?
        Das beste, was du wissen kannst,
        Darfst du den Buben doch nicht sagen.
        Gleich hör' ich einen auf dem Gange![16]

Die Verse vom besten, aber nicht kommunizierbaren Wissen zählen zu Sigmund Freuds Lieblingszitaten. Was Mephisto weiß und nur indirekt weiterzusagen vermag, liegt auf der Hand: die Universität ist in diabolisch-kirchlicher Perspektive ein Marterort, weil sie ihre virilen und homophilen Momente nicht auslebt. An der Universität geht's langweilig zu, weil kein pädagogisch-platonischer Männer-Eros mehr herrscht. Genau in diesem Augenblick der Klage über das ausbleibende Beste erscheint ein Bube, ein junger Student auf dem Gange, an dem Faust kein, Mephisto hingegen lebhaftes Interesse hat. Ein so lebhaftes Interesse gar, daß er sich für das bevorstehende Gespräch, das einen »Buben«, der nun flugs als »Knabe« adressiert wird, in die Abgründe der Sapientia und Scientia initiieren soll, eigens umkleidet. Mephisto schlüpft in Gewänder, die Goethe nicht, wie naheliegend, als Talar, sondern als »Rock« und »langes Kleid« und also ausdrücklich als feminines Textil charakterisiert:

FAUST. Mir ist's nicht möglich, ihn zu sehn.

MEPHISTOPHELES. Der arme Knabe wartet lange,
Der darf nicht ungetröstet gehn.
Komm, gib mir deinen Rock und Mütze;
Die Maske muß mir köstlich stehn.

Er kleidet sich um.

Nun überlaß es meinem Witze!
Ich brauche nur ein Viertelstündchen Zeit;
Indessen mache dich zur schönen Fahrt bereit!

Faust ab.

MEPHISTOPHELES *(in Fausts langem Kleide)*
Verachte nur Vernunft und Wissenschaft,
Des Menschen allerhöchste Kraft,
Laß nur in Blend- und Zauberwerken
Dich von dem Lügengeist bestärken,
So hab' ich dich schon unbedingt –
Ihm hat das Schicksal einen Geist gegeben,
Der ungebändigt immer vorwärts dringt,
Und dessen übereiltes Streben
Der Erde Freuden überspringt.
Den schlepp' ich durch das wilde Leben,
Durch flache Unbedeutenheit,
Er soll mir zappeln, starren, kleben,
Und seiner Unersättlichkeit
Soll Speis' und Trank vor gier'gen Lippen schweben;
Er wird Erquickung sich umsonst erflehn,
Und hätt' er sich auch nicht dem Teufel übergeben,
Er müßte doch zu Grunde gehn![17]

Faust, der Lehrer und Gelehrte, bereitet sich mit teuflischer
Hilfe auf ein aus akademischer Perspektive unbedeutendes,
unersättliches und unerfülltes Leben, nämlich auf die Be-

gegnung mit schönen Frauen, Hexen und Gretchen vor. Er stellt sich also in diabolischer Perspektive auf ein Leben ein, das »der Erden Freuden überspringt«. Der in ein langes Kleid gewandte Mephisto wendet sich hingegen dem Schüler zu, um ihn sogleich in ein abgründiges Gespräch zu verwickeln, das um den »Mann« schlechthin, einen »Mann wie andre mehr« sowie um eine empirische und eine allegorische Mutter bzw. um der Mutter und der Weisheit Brüste, kurzum: um die Qualitäten der Alma mater kreist.

Ein Schüler tritt auf.

SCHÜLER. Ich bin allhier erst kurze Zeit,
    Und komme voll Ergebenheit,
    Einen Mann zu sprechen und zu kennen,
    Den alle mir mit Ehrfurcht nennen.
MEPHISTOPHELES.
    Eure Höflichkeit erfreut mich sehr!
    Ihr seht einen Mann wie andre mehr.
    Habt Ihr euch sonst schon umgetan?
SCHÜLER. Ich bitt' euch, nehmt euch meiner an!
    Ich komme mit allem guten Mut,
    Leidlichem Geld und frischem Blut;
    Meine Mutter wollte mich kaum entfernen;
    Möchte gern 'was rechts hieraußen lernen.
MEPHISTOPHELES. Da seid ihr eben recht am Ort.
SCHÜLER. Aufrichtig, möchte schon wieder fort:
    In diesen Mauern, diesen Hallen,
    Will es mir keineswegs gefallen.
    Es ist ein gar beschränkter Raum,
    Man sieht nichts Grünes, keinen Baum,
    Und in den Sälen, auf den Bänken,
    Vergeht mir Hören, Seh'n und Denken.

MEPHISTOPHELES.

Das kommt nur auf Gewohnheit an.
So nimmt ein Kind der Mutter Brust
Nicht gleich im Anfang willig an,
Doch bald ernährt es sich mit Lust.
So wird's euch an der Weisheit Brüsten
Mit jedem Tage mehr gelüsten.

SCHÜLER.

An ihrem Hals will ich mit Freuden hangen;
Doch sagt mir nur, wie kann ich hingelangen?[18]

Was folgt, ist eine erstaunliche Antizipation von Theoremen, die Johann Jacob Bachofen, fast ein Jahrhundert nachdem Goethe diese Zeilen schrieb, in seiner monumentalen Abhandlung über das *Mutterrecht* entfaltet. Mephisto rät dem Schüler, der aus dem Umstand, daß seine Mutter ihn kaum entfernen wollte, gerne was Rechtes lernen möchte, sich zuerst der Logik und also dem Inbegriff abstrakten Denkens zuzuwenden: »Mein teurer Freund, ich rat' Euch drum / Zuerst Collegium Logicum. / (…) Wer will was Lebendigs erkennen und beschreiben, / Sucht erst den Geist heraus zu treiben.« Mütterlich-weibliche Weisen der Weltwahrnehmung beruhen, so Bachofens wie zuvor schon Goethes Argument, auf sinnlicher Gewißheit. Daß ein neugeborenes Kind das Kind dieser Mutter ist, die da unter Schmerzen gebärt, ist ein nicht zu bestreitendes Datum. Dagegen steht (bis in die jüngsten Zeiten der Gen-Analyse, die der Geltung dieses Motivs ein nüchternes Ende bereitet) die Unsicherheit der Vaterschaft, die schon das römische Recht festhält: pater semper incertus est. Weshalb Männer, also potentielle Väter, dazu verdammt sind (aus heutiger Sicht, also im Rückblick aus dem Genzeitalter: waren), bei logischen und abstrakten Geltungsansprüchen Zuflucht zu suchen. Die Geschichte der männlichen Wissenschaft beginnt, so Bachofen, mit der Aufklärung und also mit der Aufstellung und Überprüfung der ersten gewaltigen wissenschaftlichen Hypothese, die da lautet: zwischen Ereignissen, die in der Regel neun Monate auseinanderliegen, nämlich zwischen dem Liebesakt und der Geburt eines Kindes, besteht ein nichtbeobachtbarer, wohl aber analytisch erschließbarer Kausalnexus. Incipit Logik und Abstraktion, so beginnt die Urgeschichte der Alma mater – als Geschichte des Matriarchatssturzes aus dem Geist logischmännlicher Geltungsansprüche, die sich gegen die mütterliche Welt sinnlicher Gewißheiten erheben. Die diesem Prozeß zugrundeliegende totemistische Grundfigur ist dabei gut zu erkennen. Die im Namen des Vater-Logos überwundene Muttersphäre wird in Gestalt der Alma mater kultisch verehrt.

Mephisto hält sich vorerst an seine Maxime, das Beste, was er wissen kann, dem Buben nicht zu sagen. Viele tausend Verse später, ganz am Ende des zweiten Teils der um witzige Einsichten nicht verlegenen Tragödie, leistet er, der von der Kirche wie von der Alma mater in den Bann geschlagene Liebhaber androgyner Engel, sich einen sehr ernsten Scherz, nämlich sein Coming out, bevor lauter Mütter (Magna peccatrix, Mulier Samaritana, Maria Aegyptica, Mater Gloriosa) vorletzte Worte sprechen. Mephistos Liebeserklärung an die Engel läßt an Deutlichkeit nichts zu wünschen übrig: auch Mephisto würde gerne in den Schoß dieser feminin-männlichen, angelophilen Kirche zurückkehren.

Ihr schwanket hin und her, so senkt euch nieder,
Ein bißchen weltlicher bewegt die holden Glieder;
Fürwahr der Ernst steht euch recht schön.

Doch möcht' ich euch nur einmal lächeln sehn;
Das wäre mir ein ewiges Entzücken.
Ich meyne so wie wenn Verliebte blicken,
Ein kleiner Zug am Mund so ists gethan.
Dich langer Bursche dich mag ich am liebsten leiden,
Die Pfaffenmiene will dich gar nicht kleiden,
So sieh mich doch ein wenig lüstern an!
Auch könntet ihr anständig-nackter gehen,
Das lange Faltenhemd ist übersittlich –
Sie wenden sich – Von hinten anzusehen! –
Die Racker sind doch gar zu appetitlich![19]

Noch der vielzitierte Schlußvers des *Faust*-Dramas erhält aufgrund des erotologischen Assoziationsfeldes, das sein Kontext systematisch bereitstellt, einen eigentümlichen Doppelsinn. Das Ewig-Weibliche zieht uns hinan. Die Mutter Kirche und die Alma mater sind die Körperschaften, die Erektionen des Glaubens und des Forschens so forcieren, daß sinnliche Gewißheiten ihren Geltungsanspruch verlieren.

Daß diese so komplexen wie offensichtlichen Hintersinnigkeiten selbst von einer psychoanalytisch aufgeklärten Literaturwissenschaft kaum mehr zur Kenntnis genommen werden, dürfte mit dem Verfall der libidinösen Aura der Universität zusammenhängen. Auf diesen Verfall verweist auch das zunehmende Desinteresse an sogenannten Orchideenfächern einschließlich psychoanalytisch-sexualwissenschaftlicher Disziplinen. Das Frankfurter Institut für Sexualwissenschaften steht vor der Schließung; es gilt aus vielfachen Gründen als nicht mehr zeitgemäß. Wenn und weil die Universität zur ungeliebten Hochschule geworden ist, die sich nicht einmal mehr leidenschaftlich für sich selbst interessiert, verblaßt der hier nur karg angedeutete Anspielungsreichtum von Texten, die so souverän wie Goethes *Faust* mit der libidinösen Tiefenstruktur der Alma mater umgehen.

Darauf macht schon eine buchenswerte Passage aus Wilhelm Raabes 1891 erschienenem Roman *Stopfkuchen* aufmerksam. Sein Protagonist trägt nicht umsonst Fausts Vornamen Heinrich (genauer: den Vornamen, den Goethe seinem Faust gegeben hat) und einen Nachnamen, der ihn, den zurückgezogen lebenden, skurrilen und adipösen Privatgelehrten, der nicht nur Wissen in sich hineinfrißt, als Theoretiker ausweist: Schaumann. Mit der Universität kann Heinrich Schaumann einfach deshalb nichts anfangen, weil sie keine Alma mater mehr ist. Das teilt er, der ansonsten die ausschweifende Rede liebt, in einer bündigen Formel seinem alten Schulfreund Eduard (Goethes *Wahlverwandtschaften* lassen mehrfach grüßen) mit, der von weiten Weltreisen zurückgekehrt ist.

»›Die Geschichte war ganz einfach‹, sagte Stopfkuchen, ›und einfach so: Draußen und im wissenschaftlichen Brotstudium hatte es mir absolut nicht gepaßt. Ich fiel dabei für meine Natur viel zu sehr vom Fleisch. Es mag der Welt unglaublich erscheinen, aber es ist dessenungeachtet doch lächerlich wahr: auch die vergnüglichste Seite des Universitätslebens war nichts für mich. So eine deutsche Alma mater ist doch die reine Amazone. Sie hält dir erst die eine Brust hin, und du saugst oder säufst. Sie dreht dir die andere zu, und du empfindest dich in der Tat als das bekannte Tier auf dürrer Heide. Jeder Blick in eure Gerichtsstuben, auf eure Schulkatheder und Kirchenkanzeln und in eure Landtage und vor allem in den deutschen Reichstag zeigt, was dabei herauskommt, soweit es unsere leitenden gelehrten Gesellschaftsklassen anbetrifft.‹«[20]

Eine großartige, weil tiefenpsychologisch wie institutionsgeschichtlich schlagende Formel: aus der Alma mater ist schon im neunzehnten Jahrhundert eine »reine Amazone« geworden. Der Alma mater fehlt in dem Maße, wie sie sich dem Vater Staat andient, eine Brust – aber, so darf und muß man im Rückblick feststellen, diese eine Brust hat sie immerhin noch. Die zur Universität, zur Hochschule, zur Fachhochschule gewordene Alma mater ist auf dem Weg zur transerotischen Versachlichung. Gut möglich, daß der alexandrinisch belesene Wilhelm Raabe (ein Schopenhauer-Kenner von Graden) bei seiner feinen Stichelei gegen die zur Amazone gewordene Universität auch an die Schelte anknüpfte, mit der Schopenhauer im Vorwort zur zweiten Auflage von *Die Welt als Wille und Vorstellung* (1844) die Alma mater bedachte. Bei der Lektüre von Schopenhauers Philippika wird schnell deutlich, daß sich für den Philosophen ohne Lehrstuhl der Sinn der Bezeichnung »Alma mater« pervertiert hat. Aus der großzügigen Mutter, die gerade auch die Außenseiter unter ihren Kindern liebt, ist in Schopenhauers Augen die Institution geworden, die regelmäßige Geldflüsse an beamtete Köpfe gewährleistet und originelle Gedanken marginalisiert:

> »Was nun, in aller Welt, geht meine, dieser wesentlichen Requisiten ermangelnde, rücksichtslose und nahrungslose, grüblerische Philosophie, – welche zu ihrem Nordstern ganz allein die Wahrheit, die nackte, unbelohnte, unbefreundete, oft verfolgte Wahrheit hat und, ohne rechts oder links zu blicken, gerade auf diese zusteuert, – jene

alma mater, die gute, nahrhafte Universitätsphilosophie an, welche, mit hundert Absichten und tausend Rücksichten belastet, behutsam ihres Weges daherlaviert kommt, indem sie allezeit die Furcht des Herrn, den Willen des Ministeriums, die Satzungen der Landeskirche, die Wünsche des Verlegers, den Zuspruch der Studenten, die gute Freundschaft der Kollegen, den Gang der Tagespolitik, die momentane Richtung des Publikums und was noch alles vor Augen hat? Oder was hat mein stilles, ernstes Forschen nach Wahrheit gemein mit dem gellenden Schulgezänke der Katheder und Bänke, dessen innerste Triebfedern stets persönliche Zwecke sind? Vielmehr sind beide Arten der Philosophie sich von Grund aus heterogen. Darum auch gibt es mit mir keinen Kompromiß und keine Kameradschaft, und findet bei mir keiner seine Rechnung, als etwan der, welcher nichts, als die Wahrheit suchte; also keine der philosophischen Parteien des Tages: denn sie alle verfolgen ihre Absichten; ich aber habe bloße Einsichten zu bieten, die zu keiner von jenen passen, weil sie eben nach keiner gemodelt sind. Damit aber meine Philosophie selbst kathederfähig würde, müßten erst ganz andere Zeiten heraufgezogen sein.«[21]

Auch Schopenhauer schreibt psychologischen Klartext. Im Zeichen der »Furcht des Herrn« und des kollegialen Männerbundes hat derjenige es schwer, der noch stracks auf »die nackte, unbelohnte, unbefreundete, oft verfolgte Wahrheit ... zusteuert«. Die Zeiten werden noch ganz anders werden, als Arthur Schopenhauer es in der Mitte des neunzehnten Jahrhunderts kommen sieht. Der eineinhalb Jahrhunderte später erschienene erfolgreichste deutschsprachige Universitätsroman nimmt, mit welchem Grad an philologischer Vertrautheit auch immer, die, wie man politisch korrekt formulieren müßte, eindeutig sexistischen Motive aus Goethes *Faust*-Drama, Raabes Roman und Schopenhauers Schimpfrede auf. Im 1995 erschienenen Roman *Campus* von Dietrich Schwanitz heißt es maliziös: »Über dem runden Portal des alten Universitätsgebäudes in Hamburg lief ein Band aus Stein mit der in römischen Versalien gehaltenen Inschrift DER FORSCHUNG, DER BILDUNG, DER WISSEN-SCHAFT: Ironische Gemüter hatten das Gerücht in Umlauf gesetzt, die Frauenbeauftragte der Universität, Frau Wagner, hätte die Inschrift als chauvinistisch denunziert und vom Präsidenten verlangt, daß dort DIE FORSCHUNG, DIE BIL-DUNG, DIE WISSENSCHAFT eingemeißelt würde.«[22]

Vier ganz unterschiedlich gestrickte Texte aus den vergangenen zwei Jahrhunderten über den zunehmenden Verfall der Attraktivität des universitären Lebens. Wollte man die in ihrer Abfolge angedeutete Charakteristik der Universitätsgeschichte auf eine Formel bringen, so läge diese nahe: von der platonischen Eros-Akademie und der leidenschaftlich geliebten Alma mater über die zur »Amazone« gewordene, aber immerhin noch gefeierte und umkämpfte Universität zur völlig versachlichten Hochschule, die keiner mehr begehrt, verehrt und liebt. Nicht nur Philologen muß auffallen, daß selbst anspruchsvolle Universitätsneugründungen oder Neu- und Umbenennungen heute häufig das Etikett »Hochschule« bevorzugen: Hochschule für Gestaltung, Bundeswehrhochschule, Technische Hochschule, Fachhochschule für dies und jenes, Wirtschaftshochschule oder neudeutsch Business School, Law School etc. Die Hochschule aber gibt schon in ihrer Benennung zu erkennen, daß sie eine Schule ist – so wie ein Kochtopf ein Topf und kein Koch ist. Das Pathos der Alma mater und der Universität bestand jedoch genau darin:

keine Schule zu sein. Studenten waren schlechterdings erleichtert, die Schule hinter sich zu haben; und Professoren waren stolz darauf, keine Pauker, sondern Forscher zu sein, die zusammen mit den Studenten die »universitas magistrorum et scholarium« bilden, die die Alma mater eigentlich ausmacht.

Für diese Universitas hat sich schon vor, auf breiter Front aber erst ab 1800 ein eigentümlicher Unterrichtsstil herausgebildet. Neben die traditionsreiche Vorlesung, die häufig ihrem Namen alle Ehre machte, da Professoren in der Tat aus kanonischen Fachbüchern vorlasen und diese dann kommentierten, tritt gerade in den geisteswissenschaftlichen Disziplinen das »Seminar«. In ihm bemühen sich ein moderierender Dozent und einige Studenten im gemeinsamen Gespräch um die Klärung von Problemen, Texten und Quellen. Diese den Vorlesungstypus konterkarierende Unterrichtsform wurde geradezu zum Markenzeichen der humboldtschen Universität. Sie setzt sich genau in dem Maße, wie sie Seminare als ihr exzentrisches Zentrum begreift, von der Liturgie der Mutter Kirche ab. Seminare wirken auf Vorlesungen zurück. Als angesehen gilt seitdem nicht länger der Professor, der Kanonisches vor- bzw. verliest, sondern vielmehr derjenige, der forsch etwas aus der eigenen Forschung vorträgt und zur Diskussion stellt. Aufschlußreich ist, daß das Seminar als eine Veranstaltungsform, die Forschung und Lehre ebenso wie Lehrende und Lernende vereinigt, zum Namensgeber von universitären Institutionen wurde. Aus dem Inbegriff einer Institution, eben dem Institut für xyz, wurde ein Seminar für Geschichte, Philosophie, Ägyptologie, Philologie etc. Eine metonymische Verschiebung, die anzeigt, daß akademische Fetischformeln, wie sie das Portal des Neuen Universitätsgebäudes in Heidelberg schmükken – »Dem lebendigen Geiste« – mitunter vielleicht doch mehr als nur Fetischformeln waren.

Das gilt auch für einen weiteren Leitbegriff der klassischen Alma mater bzw. Universität. Sie legte anders als die Hochschule weniger Wert auf Fach-Ausbildung als auf Bildung. Genau diese Differenz »Hochschule« vs. »Universität« ist schon in der Mitte des neunzehnten Jahrhunderts gut eingeführt, wie die vierte Auflage von *Pierer's Universal-Lexikon* (sie erschien von 1857 bis 1865) belegt:

»Universität (v. lat. *Universitas*), Hochschule, eine öffentliche Lehranstalt, welche dazu bestimmt ist, nicht nur die Gesammtheit der Wissenschaften od. wenigstens die wichtigsten Theile derselben durch öffentliche Vorträge u. geeignete Übungen der gereifteren Jugend zu überliefern, sondern auch das Gebiet des menschlichen Wissens durch selbständige Forschungen der Lehrenden zu erweitern u. zu vertiefen. In der letzteren Beziehung haben die U-en dieselbe Aufgabe, wie die im engeren Sinne sogenannten Akademien (s.d.), auch bezeichnet man sie oft mit diesem Namen; sie unterscheiden sich aber von ihnen wesentlich durch ihren Charakter als Lehranstalten, u. zwar solche Lehranstalten, an welchen nicht wie an den höheren Fachschulen (Polytechnischen Schulen, Berg- u. Forstakademien, Juristenschulen, Theologischen Seminaren etc.) blos einzelne Fächer gelehrt, sondern die Gesammtheit der Wissenschaften wenigstens in annähernder Vollständigkeit vorgetragen u. dadurch dem Lernenden Gelegenheit geboten wird, auch wenn er sich einem bestimmten Fache widmet, sich mit allen Hülfswissenschaften dieses Faches bekannt zu machen, durch den einer solchen Anstalt eigenthümlichen vielseitigen wissenschaft-

lichen Verkehr ein Bewußtsein von den gegenseitigen Be-
ziehungen u. dem Zusammenhange der verschiedenen
Zweige des Wissens zu gewinnen u. sich dadurch für seine
künftige Berufsthätigkeit in Staat u. Kirche möglichst viel-
seitig vorzubilden. Dieser Begriff u. diese Aufgabe einer U.
gilt vorzugsweise von den deutschen U-en; auch hat er sich
erst allmälig gebildet, u. obwohl sich alle Länder Euro-
pas für ihre höchsten Lehranstalten den Namen U. an-
geeignet haben, so bestehen doch in den Einrichtungen
derselben bedeutende Verschiedenheiten, welche in der
Verschiedenheit der Nationalität, des Verhältnisses der
Wissenschaft zu den politischen u. kirchlichen Gewalten,
überhaupt in der Geschichte des Culturganges bestimmter
Länder ihren Grund haben.«

Natürlich fällt es leicht, sich über dieses Bildungs- und Uni-
versitäts- bzw. Universalitäts-Verständnis lustig zu machen. Es
lohnt sich aber, die produktive und von vielen Bildungstheo-
retikern der Humboldt-Tradition herausgestellte Vieldeu-
tigkeit des Begriffs Bildung zur Kenntnis zu nehmen. Wer
gebildet ist, weiß schon lange vor postmodernen Diskussions-
lagen, daß lebenslange Ausbildung geboten ist. Er ist im
Bilde und ahnt also zumindest, daß Weltbilder gemacht, also
Konstruktionen von Realität sind, aber daß es eben auch
wirklich Wirklichkeitskonstruktionen bzw. Weltbilder mitsamt ihren realen Effekten gibt. Und ihm schwant, daß er
auch in den Bildern vorkommt bzw. in den Bildern ist, die
sich andere, Gebildete wie weniger Gebildete, machen. Es
gibt genug Gründe, solch weise und zur Selbstironisierung
fähige Institutionen wie die Universität, die eigentlich ein Seminar ist, zu lieben. Pflegt sie doch ihrerseits eine Liebe zum
Offenen, zum noch zu Erforschenden, zum Fremden, Unbe-

kannten, zu neuen Bildern, zu ungewohnten Weltbildern, zum Heteron.

Und ebendies: die Liebe zum Anderen, zum Fremden, zum Heteron unterscheidet die Alma mater von der Mutter Kirche. Man kann deshalb (europäische) Universitätsgeschichte nur als Geschichte der Konkurrenz zwischen Universität und Kirche schreiben. Einen mehr als nur anekdotischen Ausdruck findet diese Familienbanden-Konkurrenz in der Zeitungsanzeige, mit der im Jahre 1804, also zu Hochzeiten der romantischen Alma mater, der damalige Mode-Philosoph Fichte, der einige Jahre zuvor wegen des Vorwurfs, Atheist zu sein, seine Professur an der Universität Jena verloren hatte, zum Besuch seiner Vorlesung mit folgenden verheißungsvollen Worten einlud: »Der Unterschriebene erbietet sich zu einem fortgesetzten mündlichen Vortrag der Wissenschaftslehre, d.h. der vollständigen Lösung der Rätsel der Welt und des Bewußtseins mit mathematischer Evidenz.«[23] Mehr kann man von der Alma mater nicht verlangen. Es sollen auch Frauen unter den Hörern des misogynen Denkers gewesen sein, als er die Welt- und Bewußtseinsrätsel mit mathematischer Evidenz und eben nicht im Rahmen einer religiösen Offenbarung dechiffrierte.

Die Alma mater bzw. *die* Universität, die *die* Bildung, *die* Forschung, *die* Wissenschaft und *die* Wahrheit vorantreibt, steht seit jeher unter weiblichem Vorzeichen – und dies nicht nur, weil das grammatische Genus ihrer Leitbegriffe feminin ist. Ob sie Frauen unter den Studenten und gar unter den Dozenten zulassen solle, stand im neunzehnten und bis weit in die Anfänge des zwanzigsten Jahrhunderts hinein ernsthaft zur Diskussion. So heißt es in *Meyers Großem Konversations-Lexikon* aus dem Jahr 1905 (Bd. 7, Seite 44) sub voce »Frauenstudium. Die Frage, ob Frauen zum Studium der Wissenschaften zuzulassen seien, ist ein wesentlicher Teil der Frauenfrage (s. d.) wie diese der vielverhandelten sozialen Frage überhaupt. Die Behauptung der Gegner des Frauenstudiums, daß dem weiblichen Geschlecht die Befähigung zur selbständigen wissenschaftlichen Forschung abgehe, ist abzulehnen. Die Erfahrung lehrt, daß Frauen ganz wohl mittlern Ansprüchen der Berufsstudien gerecht zu werden vermögen, und nicht wenige Frauen haben sich in der Ausübung wissenschaftlicher Berufsarbeiten wie auch sonst auf dem Gebiete des geistigen Lebens hervorgetan.«

Damals mutige Worte des aufgeklärten Lexikons. Sie verweisen auf die psychodynamischen Kämpfe, die die Universität seit jeher umgeben. Soll sie, wie die (katholische) Mutter Kirche, eine homogene Körperschaft sein, oder soll sie sich lustvoll dem Anderen, Neuen, Fremden öffnen? Es fällt in dieser Frageperspektive leicht, fast allzu leicht, zwei idealtypische Grundströmungen der Universitätsgeschichte auszumachen. Die eine ist heterophob und männerbündisch. Ihre psychologische Orientierung an der Mutter Kirche liegt offen vor Augen. In Burschenschaften und schlagenden Verbindungen findet diese Universitätsgeschichte ihren – nun eben: – schlagenden Ausdruck. Männer treiben sich, wenn sie sich dieser Option ergeben, ihre Angst vor dem Anderen (Geschlecht) dadurch aus, daß sie sich wechselseitig zu blutenden Frauen machen und exquisite Hierarchien an der Stelle errichten, wo andere von der offenen Gelehrtenrepublik und der societas magistrorum et scholarium träumen, ja diese heterophile Gemeinschaft auch tatsächlich leben und lieben. Die starken Allianzen, die sich ab dem sechzehnten Jahrhundert und bis in die Anfänge des zwanzigsten Jahrhunderts hinein zwischen Protestantismus und Universität gebildet haben, hängen wesentlich mit dieser heterologen Option zusammen. Die protestantische Kirche wie die Universität haben, zögerlich und umkämpft genug, nicht nur den weiblichen Charakter ihrer Korporation gefeiert, sondern auch real existierende Frauen in Pfarrhäusern, Hörsälen und Seminaren zugelassen. Mittlerweile findet man/ frau Frauen sogar vermehrt auf Lehrstühlen. Ob die Universität, die einst eine Alma mater war, auch in Zeiten, da sie zur Hochschule wird, einem unbedingten Wissens-Begehren und einer Lust am Heterologen verschrieben bleibt – nichts Geringeres steht heute zur Diskussion.[24]

3.
Der Bologna-Prozeß –
Allianzen von Geld und Geist

Daß die Hochschule heute in Deutschland keine Alma mater und auch keine Seminar-Universität im Geiste Humboldts mehr ist, liegt offen vor Augen. Auch wer das Projekt, Verschiebungen in den psychologischen Tiefenstrukturen von Körperschaften zu ergründen, für ein überflüssiges, irritierendes und also prototypisch Alma-mater-haftes Projekt hält und sich deshalb lieber an sachlich-handfester Empirie orientiert, wird die offensichtlichsten Unterschiede zwischen den Universitäten im Jahre 1800, 1900 und 2000 so beschreiben: die Hochschule ist eine Massen-Institution, es gibt heute unglaublich viele Studierende – und darunter sind (im Vergleich zu früher, nicht im Vergleich zur Bevölkerung insgesamt) bemerkenswert viele Frauen. Mit einem Wort: Frauen sind zu einer Zeit in der Hochschule angekommen, in der sie keine Alma mater mehr ist. Denn keine noch so mächtige und gütige Mutter kann so viele Kinder liebevoll alimentieren. In den letzten Jahrzehnten verdoppelte sich die Zahl der Studierenden ziemlich verläßlich jeweils im Zehnjahresabstand: 1950: ca. 100 000, 1960: 238 000, 1970: 410 000, 1980: 824 000, 1992: 1 259 000 plus 115 000 in den neuen Bundesländern, seitdem beträgt die Zahl der in Deutschland Studierenden einigermaßen konstant ca. 1 400 000 (bei knapp 24 000 Professoren). Der Zuwachs an Studenten verdankt sich wesentlich auch der Zunahme des Frauenstudiums. Vor knapp hundert Jahren, nämlich im Jahr 1908, wurden an einigen wenigen Universitäten Frauen erstmals offiziell zur Immatrikulation zugelassen. Vorher gab es ab und an Ausnahmeregeln, die regelmäßig für Aufsehen sorgten und viel diskutiert wurden. Im Jahr 1950 lag der Anteil der Frauen unter den Studierenden bei 22 Prozent, er stieg bis 1992 kontinuierlich auf 42 Prozent an (in den neuen Ländern: 47 Prozent) an. Derzeit (2006) entspricht er ziemlich genau der allgemeinen Bevölkerungsstruktur.

Die wenigsten derer, die heute geschlechtsneutral, aber politisch korrekt als »Studierende« bezeichnet werden, sind noch des Lateinischen mächtig. Und also ahnen sie nicht einmal, daß sie sich, wenn sie sich immatrikulieren, einer Mutter verpflichten und anvertrauen: »Alma mater« und »Immatrikulation« sind etymologisch eng zusammengehörige Wörter. Der Alma mater alle opulenten, kultischen, verwegenen, luxurierenden, mütterlich-alimentierenden Charakterzüge auszutreiben und aus ihr einen auf Effizienz getrimmten Hochschulausbildungsbetrieb zu machen ist nun aber ersichtlich der treibende Impuls, der dem sogenannten »Bologna-Prozeß« zugrunde liegt. Unter diesem Etikett ist in den letzten Jahren von den europäischen Wissenschaftsministern energisch eine Universitätsreform vorangetrieben wurden, die erstmals seit Jahrzehnten diesen Namen verdient. Soll heißen: es ändert sich wirklich etwas. Und zwar so durchschlagend, daß jeder Hochschulangehörige es montags bis freitags und auch samstags und sonntags zu spüren bekommt, wenn er, wie billig, am Wochenende arbeitet, zum Beispiel Gutachten über BA-Abschlußarbeiten und Drittmittelanträge formuliert, tiefen Gedanken nachhängt und/oder eine Publikation vorantreibt. Genau dies war bei den bisherigen Reformen nicht der Fall, sie waren gewissermaßen alltäglichkeitsimmun.

»Bologna-Prozeß« ist eine exquisite und riskante Bezeichnung für das, was in den letzten Jahren die europäischen Universitäten ergreift und tief umgestaltet. Denn die europäischen Wissenschaftsminister trafen sich, um die Studiengänge und Studienabschlüsse ihrer Länder einander anzugleichen, zu vereinheitlichen und zu verschulen, so als wollten sie ein Muster an Symbolpolitik vor Augen führen, an den emblematisch herausgehobenen »Erinnerungsorten der Universitätsgeschichte«:[25] 1998 an der Sorbonne, 1999 in Bologna, 2001 in Prag und 2003 in Berlin, wo im Jahr 2010, dann also, wenn der Bologna-Prozeß europaweit »implementiert« sein wird, das zweihundertjährige Jubiläum der Humboldtschen Universitätsreform ansteht. Mit dem, was diese legendären Universitätsnamen suggerieren: nämlich akademisches Selbstbewußtsein, informelle Studienstrukturen, Abwehr von Verschulungstendenzen, Unabhängigkeit der Forschung von Geldgebern, Selbststeuerung der Forschungsprozesse, selbständige Studienplanung und Entkoppelung von direkten Praxisbezügen – mit alldem räumt ausgerechnet der Prozeß gründlich auf, der nach der selbstbewußten und altehrwürdigen Alma mater Bologna benannt ist. Zielt er doch auf eine Modularisierung der Studiengänge, auf kontinuierliche Leistungskontrolle, auf eine weitgehende Verschulung des Studiums bis zum sechsten Semester, nach dem der Studierende seinen BA/Bachelor-Abschluß erhält.

Bologna-Prozeß – das heißt aus studentischer Perspektive: die Lehrpläne und Lehrveranstaltungen ändern sich; die Kontrolle der Lernleistungen wird engmaschiger; der Verschulungsgrad des Studiums nimmt drastisch zu; die Studierenden können die Praxisrelevanz der von ihnen besuchten Lehrveranstaltungen einklagen; die Studiendauer nimmt deutlich ab; es werden Studiengebühren fällig; wissenschaft-

lichen Ansprüchen im engeren Sinne genügen nur die Lehrveranstaltungen, die man/frau nach dem ersten, also nach
dem BA-Abschluß (etwa im Rahmen eines Master-Studiums)
belegen kann. Eines der gerade aus deutscher Perspektive
wichtigsten Ziele des Bologna-Prozesses wurde verblüffend
zügig erreicht. Die Quote der Studienabbrecher gerade in
den geistes- und kulturwissenschaftlichen Fächern ging dramatisch zurück – selbst wenn man den erheiternden Umstand berücksichtigt, daß häufig gerade viele der ambitio-
nierten Studenten, die im Ausland oder auch nur an einer
anderen deutschen Universität weiterstudierten, statistisch
an der Universität, an der sie sich zuerst immatrikulierten, als
Studienabbrecher geführt wurden. Das Problem ist also nicht
etwa, daß die Umsetzung des Bologna-Prozesses in Deutschland gescheitert wäre. Das Problem ist vielmehr, daß diese Reform überraschend zügig gelingt. Denn das bedeutet nichts
anderes als dies: bei sinkender personeller Ausstattung der
Universitäten steigt die Zahl der faktisch, nüchtern und ent-
schlossen Studierenden dramatisch an. Aus der Universität
wird tatsächlich eine höhere, eine Hoch-Schule.

Mit der absehbaren Konsequenz, daß es sich bei denen,
die sich in ihr tummeln, kaum mehr um Studierende, sondern um ältere Schüler bzw. kaum mehr um Professoren,
sondern eben um Hochschullehrer handelt. Wer früher zu
den vielen zählte, die im vierten bis siebten Semester das
Studium ab- oder unterbrachen, kann heute in aller Regel
einen BA-Abschluß machen, weil dieser im Vergleich zu
den klassischen Magister-, Lehramts- oder Diplom-Abschlüs-
sen hochgradig diskontiert ist. Das schafft wirklich jeder, der
nicht in frühesten Jahren den profansten Sünden der Welt
vollends verfällt: Sechs verschulte statt zehn bis fünfzehn
– wie es in der Sprache der Erziehungswissenschaft so hübsch

heißt – intrinsisch motivierte Semester reichen, die Abschlußarbeit soll den Umfang von 40 statt den ansonsten üblichen 80–120 Seiten nicht überschreiten, die mündliche Prüfung dauert 20 statt der sonst üblichen 45 oder 60 Minuten (Magister bzw. Staatsexamen), oder sie entfällt gleich ganz und wird »kumulativ« durch den Erwerb von ECTS-Punkten abgegolten. Es überrascht nur hartnäckige Almamater-Romantiker, daß der Bologna-Prozeß von den Studierenden nicht etwa angefeindet, sondern vielmehr nüchtern akzeptiert und grundsätzlich begrüßt wird. Das Bedürfnis nach übersichtlich verschulten Studiengängen und zügigen Abschlüssen ist im Zeitalter globalisierter Ökonomien zweifellos vorhanden.

Mit diesem nun wirklich neuen Studiendesign geht denn auch ein gleichermaßen neuer Studierenden-Typus konform, von dem sich die wenigen noch romantisch disponierten Studenten um so befremdlicher abheben. Die klassischen Alma-mater-Studenten mußten, ob sie wollten oder nicht, eine »extreme Risikobereitschaft« entwickeln. »Die deutsche Tradition akademischer Freiheit – als Komplementarität von Lehrfreiheit und Lernfreiheit gedacht – mutet mindestens bis zum Ende des neunzehnten Jahrhunderts Studenten rücksichtslos Selbständigkeit zu, und dies in der Unterstellung, daß nur eine solche Situation des völlig Auf-sich-selbst-gestellt-Seins Freiheit respektiert und geistige Freiheit erzeugt.«[26] Hingegen ist der rundumerneuerte, dem Bologna-Prozeß entsprechende Studierende schon in jungen Jahren pragmatisch abgeklärt und auf Effizienz, konkret auf das Einsammeln von absolvierten Modul- und ECTS-Punkten getrimmt. Nichts ist ihm suspekter als das Überflüssige bzw. überflüssig Scheinende. Brauche ich das später, ist das klausurrelevant, kommt das in der Prüfung vor, fördert das meine nachweisbaren Schlüsselqualifikationen – so lauten seine Fragen, wenn er mißtrauisch und desillusioniert, bevor er je Illusionen hatte, in einem Seminar oder einer Vorlesung über kulturelles Gedächtnis, Kleists Novellen, Platons Ideenlehre oder Syntax-Theorie sitzt. Sein Verhältnis zur Hochschule ist das des Kunden zu einem Dienstleistungsbetrieb. Daß er seit geraumer Zeit für überzählig belegte Semester und bald für sein gesamtes Studium eine wenn auch vergleichsweise moderate Gebühr zahlen muß, macht ihn schon heute zum kritischen Verbraucher, der prüft, ob sich die angebotene Ware in der gegenwärtigen und kurzfristig absehbaren Ökonomie mit Gewinn weiterverkaufen läßt.

Mit seinem knappen Zeit-Etat geht der neue Studierenden-Typus gleichermaßen ökonomisch um. Sprechstundenbesuche sind zumindest in Massenfächern aufgrund der langen Wartezeiten teuer. Mündliche Auskünfte haben überdies den Nachteil, daß man sie nicht belegen und also gegebenenfalls auch nicht einklagen kann. Und so hat sich die Anfrage via E-Mail zum bevorzugten Kommunikationsmedium in der societas magistrorum et discipulorum entwickelt. Sie tritt nicht nur in der profanen Alltagsempirie, sondern eben auch als Leitidee an die Stelle des ehrwürdigen lebendigen Gesprächs, das heute als *face-to-face-communication* bezeichnet wird. Die folgende kleine und auf spektakuläre Weise unspektakuläre Blütenlese aus einer Fülle von E-Mails, die den Verfasser in der ersten Woche nach dem Ende eines Semesters erreichten und die hier unredigiert wiedergegeben werden, kann gründlicher als alles andere vor Augen führen, daß und inwiefern die heutige Hochschule keine Alma mater mehr ist.

Sehr geehrter Herr Prof. Dr. Hörisch,
ich war Teilnehmer ihres Schiller Hauptseminars im Sommersemester 2005 und habe auch Ihre Sprechstunde besucht, um ein Thema für eine entsprechende Hausarbeit festzulegen. Das Thema, auf daß Sie mir vorgeschlagen hatten (sic!), war »Friedensbilder im Wallenstein« – ich habe nun nach erneuter intensiver Lektüre des Stückes festgestellt, daß das Vater-Sohn Motiv, welches sich durch das gesamte Stück zieht, viel eher meine Neugier geweckt hat. Ich würde nun gerne um Ihr Einverständnis bitten, dieses Thema in meiner Hausarbeit bearbeiten zu dürfen. / Ich hoffe Sie durch diese Email in Ihrer Sprechstunde entlasten (sic!) zu haben und würde mich freuen, wenn Sie mir baldmöglichst eine Antwort zukommen lassen könnten.
Mit freundlichen Grüßen

Lieber Herr Prof. Dr. Hörisch,
ich habe die Klausur zu Ihrer Vorlesung in diesem Semester geschrieben und wollte nur kurz nachfragen, ob die Klausuren schon korrigiert sind. Falls ja, wo kann man diese denn abholen? / Liebe Grüße

Betreff: Terminanfrage
Ich bitte Sie dringlichst um Weiterleitung an Prof. Dr. Jochen Hörisch, da die rumms adresse nícht funktioniert. (Das stimmt leider nicht: die universitäre E-Mail-Adresse funktioniert erstklassig, es hat sich aber wohl herumgesprochen, daß ich noch eine zweite E-Mail-Adresse habe, J. H.)

Lieber Prof. Dr. Hörisch,
Ich bitte Sie um einen Sprechstundentermin (Sprechstunden halte ich auch während der Semesterferien regelmäßig, die Termine hängen öffentlich aus, J. H.). Ich dachte ich hätte noch etwas Zeit, aber zu meinem Schrecken mußte ich nun vom Stu-

dienbüro erfahren, daß ich im Wintersemester 2005 fertig werden MUSS. Und hierzu sei es notwendig, sich noch in diesem Monat, am besten Anfang Juli schon, zur Bachelorprüfung anzumelden. Daher bitte ich Sie nun um einen schnellstmöglichen Termin mit Ihnen, an dem Sie mir die Bestätigung der Übernahme der mündlichen B.A. Arbeit (Thema Schillers Pathos) unterschreiben. (Zu Ihrer Information: ich habe mit Dr. Uwe Steiner die Übernahme der schriftlichen Prüfung vereinbart.) Verbleibe mit freundlichen Grüssen

Hallo Herr Hörisch!
Ich wollte Sie nur kurz frage (sic!) wann Sie die Klausuren für die Vorlesung »Die Universität als literarisches Thema« korrigiert haben. Ich müßte den Schein so bald wie möglich im Studienbüro einreichen.
Mit freundlichen Grüßen

Sehr geehrter Herr Professor Hörisch,
leider traf ich Sie gestern am 11.07. 2005 in Ihrer Sprechstunde nicht an (an diesem Tag fiel meine ansonsten regelmäßig stattfindende Sprechstunde wegen einer Sitzung des DAAD-Beirats in Bonn aus, worauf ich durch Aushang hingewiesen hatte, J. H.) und konnte somit mein Anliegen mit Ihnen nicht besprechen. Ich schlage Ihnen daher vor, meine Angelegenheit mit Ihnen telefonisch zu besprechen und bitte per E Mail um einen Telefontermin.
Mit freundlichen Grüßen

Sehr geehrter Herr Hörisch,
Sie hatten sich letztes Jahr einverstanden erklärt, meine mündliche Prüfung in Medien- und Kommunikationswissenschaft abzunehmen. Ich möchte mich (anders als ursprünglich geplant) im kommenden Wintersemester prüfen lassen und würde mir

gerne schonmal Gedanken über mögliche Prüfungsthemen machen. Von einer Kommilitonin habe ich erfahren, daß Sie als Themen die Geschichte eines Mediums sowie ein freies Thema fordern. / Ist das korrekt? / Und eine zweite Frage hätte ich noch: muß/kann man sich für Ihre Sprechstunden anmelden, und wenn ja, wo? / Danke im voraus und freundliche Grüße

Hallo Herr Hörisch,
Ich habe gleich mehrere Fragen:
1 Ich schreibe ja meine Magisterarbeit zum Märchen der 672. Nacht von Hofmannsthal. Ich habe mich bislang mit einer auf den Text konzentrierten Analyse begnügt, bekomme nun aber Zweifel, ob eine (literar-)historische Einbettung nicht von Nöten wäre. Was meinen Sie dazu? Denn ich bin jetzt bereits auf Seite 95.
2 Wie soll denn ein Thema für die schriftliche und mündliche Magisterprüfung aussehen und wann findet die ungefähr statt?
3 Wie können wir sicherstellen, daß die Magisterarbeit, die ich Ihnen ja per Post zukommen lassen werde, auch sicher bei Ihnen ankommt? Wenn sie im universitären Gewirr verschwinden würde, wäre dies ja ausgesprochen tragisch. / Liebe Grüße

Natürlich ist es für einen deutschen Professor schmeichelhaft, wenn ihm Studierende verläßliche Antworten auf solch tiefsinnige Fragen wie die zuletzt zitierte zutrauen. Allerdings wäre es denn doch einigermaßen aufwendig, all die Maßnahmen einzuleiten, die definitiv sicherstellen, daß (um die hübsche und erhellende Formulierung der Kandidatin aufzugreifen) im universitären Gewirr tragische Ereignisse ausbleiben, in diesem Fall also: daß eine akademische Abschlußarbeit auch ihren Bestimmungsort erreicht. Eine klügere Antwort ist dem Adressaten dieser Zeilen nicht eingefallen als diese: das Postsystem in Deutschland sei immer noch hinreichend vertrauenswürdig, es gebe überdies die Möglichkeit von eingeschriebenen Zustellungen, dennoch bleibe ein Restrisiko, und bei unersetzlichen Arbeiten empfehle es sich immer, zumindest eine weitere Kopie in Reserve zu halten.

Mit einem Studenten, wie ihn Goethe in der Schüler-Szene des *Faust*-Dramas vorführt, wie Eichendorff ihn feiert, wie er in Otto Julius Bierbaums 1897 erschienenem *Stilpe*-Roman, in Gustav Sacks Roman *Ein verbummelter Student* (1917) oder in Gadamers Autobiographie *Philosophische Lehrjahre* vorkommt, haben diese E-Mail-freudigen Studierenden nichts mehr gemein. So als wollten sie allzu windschnittigen Medientheorien lebensweltliche Plausibilität verleihen, findet sich in den studentischen E-Mails nicht einmal der Ansatz jenes Wissens-Begehrens, das den ratsuchenden Studenten in Fausts Stube treibt. Das Medium ist die Botschaft: die E-Mail ist die Kommunikationsform der spätmodernen Bologna-Hochschule, so wie die multiple-choice-Klausur die Form ihrer Studienerfolgs-Messung ist. Die wenigen Dozenten, die Seminararbeiten noch in der Sprechstunde kommentieren wollen, statt die Studierenden die Bescheinigungen über erlangte *credit points* in irgendwelchen Sekretariaten abholen zu lassen, wirken deshalb eigentümlich unzeitgemäß und werden von ihren Kunden auch so wahrgenommen. Selbst dann, wenn sie wieder vermehrt mit ihrem Professorentitel angesprochen und sogar in E-Mails mit allen akademischen Würden angeschrieben werden. Studenten, die ein wirkliches Wissens-Begehren umtreibt, wirken in der Bologna-Prozeß-Hochschule ähnlich exotisch.

Bologna-Prozeß – aus Dozenten-Perspektive heißt das: die Studienabbrecherquote geht signifikant zurück; die Seminare werden dadurch noch voller (denn es gibt ja keine dieser Entwicklung korrespondierende Aufstockung des Lehrkörpers); die Prüfungsverpflichtungen steigen deutlich an, weil viele zuvor prüfungsfreie Lehrveranstaltungen wie etwa die klassische Vorlesung jetzt mit einer Klausur verbunden werden; das Verhältnis zwischen Dozenten und Studierenden wird noch formeller und bürokratischer als zuvor schon, es orientiert sich klar und schnörkellos am Dienstleistungs-Schema. Literaturtaugliche Figuren wie der verbummelte Student (so der Titel des Romans, den Gustav Sack 1917 im Fischer Verlag veröffentlichte), das verkannte Genie, der Lebenskünstler oder der Künstler-Professor, der Gelehrte und der Charismatiker merken, so sie noch vorhanden sind, daß die postmoderne Bologna-Hochschule nicht mehr ihr Ort ist. Der platteste Topos linker wie rechter Kulturkritik wird so plausibel und wahr wie nie zuvor: die Universität wird ganz und gar zu einer ökonomischen Veranstaltung.

Das oberste Machtzentrum, das neueste Universitätsverfassungen vorsehen, ist denn auch ein »Universitätsrat«, der nicht nur in begrifflicher Hinsicht nach dem Vorbild des Aufsichtsrats von Großunternehmen zusammengesetzt wird. In ihm sind die Professoren, die doch stets auf angemessene »Paritäten« achteten, wenn es um linke Forderungen etwa nach »Drittelparität« in den akademischen Entscheidungsgremien ging, deutlich in der Minderzahl. Vertreter aus der Wirtschaft und den Verbänden haben im Universitätsrat, der auch über abzubauende und neu einzurichtende Fächer, Studiengänge, Institutszusammenlegungen, Universitätsfusionen und nicht zuletzt Berufungen entscheidet, die Mehrheit. Eine Entwicklung, gegen die sich, so als sei die Antikapitalismus-Rhetorik der Achtundsechziger-Generation ein für allemal erschöpft, kaum mehr öffentlich Bedenken artikulieren. Eine halbe Ausnahme sind die »Fünf Einsprüche gegen die technokratische Umsteuerung des Bildungswesens«, die im Sommer 2005 von Erziehungswissenschaftlern unter dem Titel »Das Bildungswesen ist kein Wirtschaftsbetrieb!« vorgelegt wurden.[27]

Ein Regiment der knappen Zeit, des knappen Geldes und der knappen Aufmerksamkeit hat die Hochschule erfaßt. Das gilt auch in der profansten Hinsicht – der auf den schnöden Mammon. Studierende müssen, das ist, wenn es nicht schon praktiziert wird, allgemein absehbar, für ihr Studium einigermaßen ordentlich zahlen (dafür gibt es gute Gründe – siehe unten Kapitel 7). Professoren werden mit der neuen W-Besoldung deutlich schlechter als zuvor bezahlt.[28] Zulagen zum Grundgehalt erhalten sie nur dann, wenn sie erfolgreich sogenannte Drittmittel, also Gelder für Forschungsvorhaben etwa bei der DFG (Deutsche Forschungsgemeinschaft) oder bei der VW-, Siemens- bzw. Thyssen-Stiftung einwerben. Traditionsreiche andere Kriterien für professorale Leistung wie akademischer Lehr- und Prüfungserfolg, wie prestigereiche, nicht selbstsubventionierte und vielbeachtete Publikationen oder wie Vortragseinladungen an renommierte universitäre und außeruniversitäre Institutionen zählen bei den Instanzen, mit denen Berufungsverhandlungen geführt werden, schlechthin nicht (weder in den Rektoraten noch in den Ministerien). So lautet die übereinstimmende Auskunft von neuberufenen KollegInnen auf W-Stellen, die die »Zielvereinbarungen« mit ihren Hochschulen unterschrieben haben.

Die Drittmittel-Einwerbung als einziges besoldungsrelevantes Erfolgskriterium für Professoren – das ist auch universitätsgeschichtlich buchenswert. Die vergleichende und umfassende Geschichte der universitären Einwerbung von Forschungsmitteln ist noch nicht geschrieben.[29] Aber auch anekdotische Hinweise vermögen das damit verbundene Problem anzuzeigen. Weder Hans-Georg Gadamer noch Hans Blumenberg noch Niklas Luhmann haben je Drittmittel bei großen Forschungs-Institutionen eingeworben. Bemerkenswerte Werke haben sie wohl nicht dennoch, sondern deshalb hinterlassen: sie verfügten über Zeit, Konzentration und eben durchaus auch eine freundliche Rücksichtslosigkeit gegenüber jenen selbst- und fremdgesetzten Zwängen, denen schon der Begriff ›Drittmittel‹ zum Ausdruck verhilft. Daß der Umkehrschluß – wer erfolgreich Forschungsgelder einwirbt, kann kein bedeutendes Werk hinterlassen – unzulässig wäre, zeigt übrigens ein Blick auf die Frankfurter Schule. Horkheimer und Adorno hatten in Zeiten, als dieser Begriff noch nicht kurrent war, bemerkenswert große Erfolge bei der Einwerbung von Drittmitteln. Wer allerdings, um bei diesem Beispiel zu bleiben, den bösen Blick nicht scheut, wird bald feststellen, daß sich die beiden scharfen Kritiker szientistischer Arbeitsteilung glänzend ergänzten, indem sie ebendiese Arbeitsteilung virtuos praktizierten. Horkheimer war der frühe und erfolgreiche Wissenschaftsmanager, Adorno derjenige, der ein wirkliches Werk hinterließ.

Zum indiskreten und sicherlich problematischen Charme der Alma mater zählte, daß sie sich offensiv zu einer Logik und zumal Psycho-Logik des Überflusses bekannte. Das gilt in handfester wie in tiefenhermeneutischer Hinsicht. Professoren wurden ordentlich bis sehr gut besoldet. Ordentlich, wenn man ihre Einkünfte mit denen erfolgreicher Ärzte, Rechtsanwälte oder Manager vergleicht, sehr gut, wenn man bedenkt, daß sie ihre Obsessionen und Leidenschaften ungehindert zu ihrem Beruf machen konnten. Die Kombination aus der Sicherheit des Beamtendaseins, einer vergleichsweise hohen Besoldung und einer unvergleichlichen Selbstbestimmung auch im Hinblick auf die alltägliche Lebensführung machte das Professorendasein ungemein attraktiv. Das gilt mit gewissen Einschränkungen bis heute bzw. bis in die Zeiten vor der Einführung der neuen W-Besoldungsordnung. Im Vergleich zu anderen Berufen etwa in den Bereichen Wirtschaft, Selbständige und Medien hat die Attraktivität (auch die ökonomische) des Professorenberufs allerdings deutlich abgenommen. Der Professor noch der Sechziger- und Siebzigerjahre des letzten Jahrhunderts hatte ein Lehrdeputat von sechs Stunden (was im internationalen Vergleich schon damals hoch war; amerikanische Professoren unterrichten in der Regel vier Stunden pro Woche), heute muß er mindestens neun Stunden lehren; er hatte signifikant weniger Gremien- und Prüfungsverpflichtungen als heute üblich; das Wort und das aufwendige Tätigkeitsfeld »Drittmitteleinwerbung« waren ihm fremd; der Abstand etwa zur Besoldung von Lehrern war erheblich größer; und er wurde, wie es vornehm hieß, emeritiert und nicht pensioniert, was nichts anderes bedeutete, als daß er bis zu seinem Lebensende seine vollen Bezüge erhielt.

Kurzum: der klassische deutsche Professor hatte allen Grund, der Alma mater voll Dankbarkeit zu huldigen. Denn sie gewährte ihm ein Höchstmaß an beamteter Sicherheit, an Unabhängigkeit, an Prestige und relativ viel Geld. Vor allem aber an Muße. »Otium«/»Muße« waren Schlüsselwörter der Alma mater. Heute klingen sie geradezu schockierend unzeitgemäß, so anachronistisch wie kein weiterer Begriff aus der universitären Sphäre. Wer (Auto-)Biographien von Professoren und über Gelehrte des neunzehnten und frühen zwanzigsten Jahrhunderts liest, dem fällt dieses Datum sofort voll Neid auf: Wie viel Zeit, Muße, Ruhe und Gelassenheit hatten doch die Altvorderen. Professoren: das waren die, die in Ruhe gelassen werden wollten und in Ruhe gelassen wurden, weil sie in Ruhe forschen, edieren, sammeln, herausgeben, lesen, schreiben und lehren wollten. Keine Gremieninflation, keine E-Mail-Flut, keine übervollen Seminarräume, keine Deputatserhöhung, kein Drittmitteleinwerbungszwang, keine Verwaltungspflichten, keine Klausurberge, kein Verordnungsüberschwang, keine Dauerreform, keine Kommissionitis, kein Kongreßhype, kein *publish-or-perish*-Imperativ, keine Massen-Gutachten-Pflichten und (wie drückt man das kaum zu bestreitende sozialhistorische Datum politisch korrekt aus?) keine emanzipierte, berufstätige Ehefrau störte die Muße des Professors (selbstverständlich hatte der Professorenhaushalt mindestens ein Dienstmädchen). Die einzige Pflicht, die ihn unter Druck setzte, war die, seine in der Tat beträchtlichen Privilegien zu rechtfertigen: durch kluge Schüler und durch ein Werk.

Zur offensiven Überfluß-Semantik der Alma mater gehörte aber nicht nur der handgreifliche Aspekt der großzügigen Alimentierung ihrer Professoren sowie die kalte Rückseite dieser Medaille, nämlich die schlichte Nicht- bzw. Elends-Besoldung all derer, die keinen »Ruf« erhielten, nämlich der Privatdozenten und der außerplanmäßigen Dozenten. Diese konnten allerdings »Hörergelder« beziehen und bei großem Publikums-Erfolg damit mehr schlecht als recht leben und überdies die Ordinarien ärgern, die weniger gute akademische Lehrer waren. Zur akademischen Hochschätzung des Überflusses gehörte auch der tiefenhermeneutische Aspekt einer strikten Tabuisierung von Effizienz- und Nützlichkeitsfragen. Wer sich in der Weinstube nach dem dritten Viertel am Kopf kratzte und danach fragte, was es denn nun eigentlich bringe, etwas und gar sehr Gründliches über die Feinheiten der zweiten Lautverschiebung, Goethes Tun und Lassen im September 1783, die Vollständigkeit der Kantischen Kategorientafel oder die Unterschiede zwischen dem Kirchen- und dem Alltagsslawisch zu wissen, zu publizieren und zu lehren, machte sich der Sünde wider den Geist schuldig. Er galt als Barbar, als amusischer Mensch, als Kulturbanause und mußte sich, wenn man denn überhaupt noch mit ihm sprach, strenge Hinweise auf geistige Werte an, für und in sich selbst gefallen lassen. Im Zweifelsfall galt das Prinzip »My chair is my castle«: Was der Ordinarius für wichtig und relevant erachtete, war wichtig und relevant, weil ein Ordinarius es dafür erachtete.

Nützlichkeitsdenken, Effizienzkriterien, Pragmatismus, Funktionalismus: all das war das Andere der Universität. Ihr Bekenntnis zur Grundlagenforschung war abgründig. Was andere, die sich um weniger Grundlegendes, gar um Verwertungsfragen kümmern, mit den Wissensbeständen und den Einsichten anfingen, die die Universität hervorbrachte, das ging die Universität selbst nichts oder allenfalls am Rande an. Sie sonnte sich im Glanze eines Überflusses, der von der tiefsinnigen Vermutung getragen wurde, daß der Überfluß notwendig ist. Sich nicht rechtfertigen zu müssen für absonderliche Interessen, Fixierungen, Obsessionen, Spielereien – das war das eigentliche Privileg der Alma mater. Insofern war sie tatsächlich eine aristokratische Institution: sie war immer schon und unbefragt gerechtfertigt und konnte sich ebendeshalb das Recht auf Fragestellungen aller Art herausnehmen. Ihre aristokratischen Privilegien kombinierte (zumal) die (humboldtsche) Universität mit einer republikanischen Binnenverfassung, die sich allerdings strikt auf bestallte Professoren beschränkte. Der Rest der akademischen Welt, ob

Pedell, Student, Assistent oder Sekretär(in), hatte schlicht nichts zu sagen. Ordinarien hingegen erkannten sich, aller lästerlichen Kollegen-Sottisen zum Trotz, untereinander als gleiche an. Zwar hielt sich und sein Fach selbstredend fast jeder Professor für bedeutender und klüger als die Kollegen und die Nachbardisziplinen, denen allenfalls der Status von Hilfswissenschaften für das eigene Fach zukam. Aber man ließ sich in Ruhe. Hans-Georg Gadamer hat dafür im Gespräch ein drastisches Bild bereitgehalten: jeder Ordinarius ist ein glücklicher Affe auf seiner Palme – solange sich kein anderer Affe erfrecht, dieselbe Palme zu besteigen. Dann muß er mit Kokosnußbeschuß rechnen.

Daß ältere Professoren über den Verfall der guten alten Universität klagen und die neuen Hochschulen nicht lieben, liegt auf der Hand. Für die rapide Erosion der Alma mater gibt es viele Gründe. Zwei aber sind besonders gewichtig. Der eine ist fast ein wenig zu evident: es studieren um das Jahr 2000 nicht mehr (wie um 1900) ca. vier Prozent eines Jahrgangs, sondern ca. vierzig Prozent. Aus einer überschaubaren Stätte der Elitenausbildung ist eine unüberschaubare Massen-Institution geworden, die natürlich anders organisiert sein und sich anders verstehen muß als ihre vornehme und selbstbewußte Vorgängerin. Der zweite Grund ist weniger offensichtlich, und seine Erörterung stellt vor deutlich heiklere Aufgaben als die, unbezweifelbare Zahlen zu nennen: es ist sehr fraglich, ob die meisten deutschen Professoren mit ihren Privilegien klug umgegangen sind.

4.
Professuren oder Professoren
alten und neuen Typs

Zu den Lieblingswitzen des weisen Philosophen Hans-Georg Gadamer zählte auch dieser: Als Gott alles erschaffen hatte, schaute er wohlgefällig auf sein Werk. Da fiel ihm auf, daß die ultimative Krönung der Schöpfung noch ausstand. Und also schuf er den deutschen Ordinarius. Halt, nicht schmunzeln, der Witz ist noch nicht zu Ende. Der Teufel sah das mit der für ihn charakteristischen Mißgunst. Und also pfuschte er dem Schöpfer wieder einmal abgründig dazwischen. Wie? Indem er den Herrn Kollegen erschuf.

Professoren-Kollegen haben die satanische Gemeinsamkeit, göttliche Differenzen zwischen sich und anderen zu sehen. Die traditionelle Methode, Differenzen zwischen Professoren-Typen (nicht zwischen Individuen – davon gibt es bekanntlich unübersehbar viele) zu erkunden, war bestechend einfach. Man konnte sich darauf besinnen, daß ein Professor drei und nur drei Aufgaben hat: zu forschen, zu lehren und diese beiden Aktivitäten inklusive sich selbst zu verwalten. Nun herrscht die von nur von ganz wenigen Ausnahmen bestätigte Regel, daß Professoren ein bis zwei dieser ja in der Tat je für sich schon sehr anspruchsvollen Aufgaben gut erfüllen können, mit der dritten aber überfordert sind. Und so konnte man eine so einfache wie für Verfeinerungen offene, aber auch schon in dieser rudimentären Form gültige Professoren-Typologie[30] nicht nur entwerfen, sondern alltäglich bestätigt finden. Professoren lassen sich danach unterscheiden, wie sie den Dreiklang von Forschung, Lehre und

Selbstverwaltung hierarchisieren, welchen Grundton ihr Tun und Lassen mehr oder wenig harmonisch umkreist.

Es gibt (oder gab – dazu gleich mehr)

1. den begnadeten oder sich für begnadet haltenden Lehrer, der sich so intensiv für seine Studierenden einsetzt und sie betreut, daß er trotz seiner selbstverständlich und jederzeit von allen unterstellten Hochbegabung keine Zeit mehr findet, ins Labor, in die Bibliothek oder an den Schreibtisch zu gehen und zu forschen. Dieser Typus kann sehr unterschiedlich ausgeprägt, nämlich zum Beispiel Charismatiker, Kumpel, väterlicher Freund, strenger Lehrer oder verläßlicher Repetitor sein. Gemeinsam ist all diesen Varianten, daß sie die Universität als höhere Lehranstalt sehen. Die Ausgliederung der Forschung an Einzelinstitute, ja noch ihre generelle Entwertung sieht der begnadete Lehrer eher mit Genugtuung. Sie entlastet ihn und die ihm anvertrauten Studenten von Irritationen und Zumutungen. Seine Restzeit verbringt er mit der Selbstverwaltung. Was konkret heißt: er nimmt aktiv und stets gut vor- wie nachbereitend an der Gremienarbeit teil. Dabei wird er selten versäumen, mehr Ressourcen (Geld, Aufmerksamkeit, Anerkennung) für die Lehre zu fordern und subtil darauf hinzuweisen, daß doch eh schon alles erforscht, aber noch nicht angemessen vermittelt sei. Für eigenständige Forschung hat er, wie er bedauernd feststellt, keine Zeit mehr. Denn er opfert sich ja eben selbstlos für die anderen, vorab die Studenten, aber auch für die Kollegen, auf. Was letztere ihm nicht danken. Immer muß er mit dem Verdacht leben, andere könnten über ihn denken, er lehre und verwalte so viel und gerne, weil ihm nichts Gescheites einfiele.

Es gibt

2. den produktiven Forscher, der die Universität wunderbar fände, wenn es nicht die lästigen Studierenden gäbe. Da er ein so guter wie bekannter Forscher ist, werden aber gerade ambitionierte Studierende daran interessiert sein, ihn mit Examens-, Beratungs- und Ausbildungswünschen zu belästigen. Um dem auszuweichen, leistet er mal pflichtgemäße, mal intensivere Selbstverwaltungs- und Gremienarbeit. Dabei streitet er sich aus naheliegenden Gründen mit dem erstgenannten Kollegen-Typus. Denn er ist vorrangig an einer Reduktion seines Deputats, an weiteren Forschungsmitteln und an Freisemestern interessiert. Selbstredend gilt er den anders getakteten, ihn wegen seines Ruhms beneidenden Kollegen als hemmungsloser Egoist und Egozentriker. Und es gibt

3. den hingebungsvollen Gremienprofessor, der die fünf Alternativformulierungen für Paragraph 27 Absatz 7 der neuen Promotionsordnung auswendig kann, geschwind ECTS-Punktzahlen addiert, der sich bei der Lösung des Problems glänzend auskennt, wie weibliche Formen grammatisch korrekt bei Prüfungsordnungen zu berücksichtigen seien, und der die Telefonnummer des für Berufungsverhandlungen zuständigen Ministerialbeamten nicht nachschlagen muß. Je nach Disposition muß er allein schon aufgrund der in seinem Organizer verzeichneten Terminfülle entweder die Lehre oder die Forschung vernachlässigen. Da er jedoch stets Verbündete bei Abstimmungen braucht, wird er sich klug weigern, erkennen zu geben, ob ihm Kollegentyp (1) oder (2) nähersteht. Forschen und lehren braucht und kann er eh kaum mehr. Intensiv forschende oder lehrende Kollegen werden die-

sen Typus nicht sonderlich schätzen. Aber sie werden sich hüten, ihn allzu offen zu kritisieren. Denn er wird für seine masochistische Gremienlust mit einem hohen Gut belohnt, nämlich mit Teilhabe an der Macht. Ob Ressourcenverteilung, neue Studien- und Prüfungsordnungen oder auch Personalentscheidungen: der Gremienprofessor hat dort selbstredend ein gewichtigeres Wort mitzureden als der Lehrer oder Forscher.

Dieses Grundschema läßt sich leicht verfeinern, etwa indem man danach schaut, welche Tätigkeit den jeweils zweiten oder eben dritten Platz belegt. Der begnadete Lehrer, der in größeren Abständen mit wehmütigen Gefühlen doch noch einmal einen Fachaufsatz publiziert, unterscheidet sich ersichtlich vom akademischen Lehrer, der großen Gremienehrgeiz entwickelt. Und der hingebungsvolle Gremienprofessor, der seine zahlreichen Kommissionsmitgliedschaften dem Umstand verdankt, daß er sich vor langer Zeit mit klugen Veröffentlichungen einen Namen gemacht hat, hat wenig mit seinem Sitzungs-Nachbarn gemein, der seine zahlreichen Gremienpositionen einer bestimmten Schul-, Lehr- oder gar Organisationszugehörigkeit verdankt. Gemeinsam ist den drei genannten Typologien und ihren Varianten aber dies: daß sie den klassischen Idealtypus verfehlen, nämlich

4. den noch an Humboldts Geist glaubenden Forscher und Lehrer, der intellektuelle Lust daran hat, im Labor oder im Seminar oder auch bei auswärtigen Vortragseinladungen neue Gedanken, Theoreme und Themen zu erproben, um sich danach lustvoll seinem Schreibtisch zu nähern. An Gremienarbeit hat er schon aus echter Zeitnot, aber auch aus tiefer Einsicht kein Gefallen. Denn ihn plagt der Gedanke, was er während all der Stunden, die eine Fakultätsratssitzung dauert, lehrend und forschend

bewerkstelligen könnte. Wenn er über soziale Intelligenz verfügt, wird er diesen Gedanken nicht allzu offen kommunizieren. Denn das würde für eine Steigerung der Irritation und der Mißgunst sorgen, die ihm sowieso schon kollegial entgegengebracht wird. Erscheint es aus der Perspektive der zuvor charakterisierten Professoren doch suspekt, daß da einer tatsächlich die Erfahrung macht, wie produktiv eine enge Koppelung von Lehre und Forschung sein kann. Vor klugem, jungem und diskussionsfreudigem Publikum zu erproben, welche neuen bis überraschenden Überlegungen, Thesen und Theoreme einen Konsistenztest bestehen, der ihre Veröffentlichung nahelegt – das erfährt dieser Professorentypus nicht als zusätzliche Belastung, sondern dankbar als Chance. Da er Gremiensitzungen keine entsprechenden Anregungen verdankt bzw. da seine Gespräche mit Gremienkollegen sachlich unergiebig sind, wird er ab und an seine Verachtung für diese Art des Zeitvertreibs nicht ganz verhehlen können. Das bereut er schnell. Si tacuisses …

Leitbild der Universität war spätestens seit den Humboldtschen Reformen selbstredend der letztgenannte Professoren-Typus. Nicht umsonst heißt die Zeitschrift des traditionsbewußten deutschen Hochschulverbandes *Forschung & Lehre*. Und nicht etwa *Selbstverwaltung, Lehre & Forschung*, obwohl oder weil es sich um ein Organ handelt, das professorale Interessen standespolitisch vertritt. Man kann es je nach Disposition als schwer zu entschuldigende persönliche Arroganz oder aber als institutionelle Klugheit auslegen, daß die Professoren der Humboldt-Universität die Gremienarbeit (mit der bedeutenden Ausnahme der Berufungsverfahren!) eher vernachlässigten – und damit für genau die informelle Liberalität sorgten, die der intellektuellen Produktivität ersichtlich zuträglicher ist als das Verfassen und Ernstnehmen von Paragraphen und »papers«.

Daß dieses Leitbild vom gremiendistanzierten, aber die Alma mater leidenschaftlich liebenden Forscher und Lehrer zum Phantasma geworden ist, das allenfalls noch zur liturgischen Rhetorik taugt, macht ein simples Gedankenexperiment deutlich. Man/frau stelle sich die kollegialen Reaktionen auf den Vorschlag vor, für zwei Semester und bei Erfolg des Experiments »für immer« alle Gremienarbeit unter der Bedingung einzustellen, daß die so gewonnene Zeit in Forschung und Lehre investiert würde – denn nur diesen einen Zweck könne universitäre Gremienarbeit doch haben: Forschung und Lehre zu verbessern. Panik würde ausbrechen, wohl vor allem auch deshalb, weil absehbar wäre, für welch dramatische Qualitätsgewinne eine so einfache Hochschulreform innerhalb eines Jahres sorgen würde. Und für welch tiefe Krisen der Gremienprofessoren (s. Kapitel 7).

Forscher, Lehrer und Gremienverächter als professorales Leitbild? Tempi passati. Es ist unverkennbar, daß Wissenschaftlerkarrieren heute zumeist über Gremien- und Management-Erfahrungen laufen. Professuren neuen Typs (wie Junior-, Stiftungs- oder W-Professuren) verlangen nach Professoren neuen Typs: nach dem jungen, dynamischen, forschungspolitisch korrekten, Drittmittel einwerbenden und organisatorisch talentierten Wissenschaftsmanager. Die Schriften dieses neuen Professorentyps werden etwa zur Hälfte aus Drittmittelantrags- und Gremien-Prosa, zur anderen Hälfte aus Herausgebervorworten zu Sammelbänden bestehen. Es ist absehbar, daß ein solches Profil der Entstehung bedeutender Werke (man verzeihe die Unzeitgemäßheit dieser Wendung) nicht günstig ist. Und es ist weiterhin absehbar, daß sich gegen diese übermächtige Entwicklung ein alternativer Trend konturiert: der zur Refeudalisierung eines elitären, auf Forschung und Lehre für Hochbegabte fokussierten Universitätssegments, in dem die Alma mater unter postmodernen Vorzeichen wieder aufersteht (dazu später mehr, s. Kapitel 7).

Der Gremienprofessor ist der Gewinner der letzten zwanzig bis dreißig Jahre deutscher Universitätsgeschichte (an angelsächsischen Universitäten kommt er als akademischer Standardtypus schlicht nicht vor). Dennoch ist er ein von tragischen Aspekten nicht freies Übergangsphänomen. Aufopferungsvoll, listig, intrigant oder mangels Alternativen (je nach Beobachtungsperspektive) hat er auf intensivere Forschung und Lehre verzichtet, um der Universität als solcher zu dienen und sie wetterfest zu reformieren. Und nun muß er feststellen, daß er sich und seinesgleichen zugunsten eines neuen Typus selbst überholt hat. Nämlich zugunsten einer neuen starken Universitäts-Exekutive, der alle wie paritätisch auch immer zustande gekommenen Gremienbeschlüsse herzlich gleichgültig sind. Alle neueren Universitätssatzungen und -gesetze haben nämlich diesen unverhohlenen Hauptakzent: Gremien wie Seminarkonferenzen, Fakultäten und Senate zu entmachten und umgekehrt die exekutiven Dekanats-, Rektorats- und Aufsichtsrats- bzw. Universitätsratsebenen nach Kräften zu stärken.

Für diese dramatische Stärkung der universitären Exekutive sprechen handfeste Gründe. Um diese so schnörkellos wie möglich auf den Punkt zu bringen: das Projekt der universitären Selbstverwaltung ist weitgehend gescheitert. Früher war ein Dekan oder Rektor nur für kurze Frist, häufig nur für ein Jahr im Amt. Schon deshalb war er ein schwacher bzw. nur dann ein halbstarker Amtsträger, wenn er als renommierter Hochschullehrer und Forscher über Autorität ver-

70

fügte. In der Regel aber war ein Dekan und auch ein Rektor bestenfalls primus inter pares. Er wurde zwar ehrerbietig mit »Spectabilis« bzw. »Magnifizenz« angeredet (und als »Suspectabilis« oder »Insuffizienz« veralbert), verfügte aber über keine Sanktionsmöglichkeiten gegenüber seinen Kollegen. Ihr Gehalt zu erhöhen oder zu kürzen, die Ausstattung ihres Lehrstuhls je nach Nachfrage und Produktivität zu verbessern bzw. zu vermindern, ihnen bestimmte Zeiten für ihre Lehrveranstaltungen vorzuschreiben oder ihnen gar thematische Vorgaben für Forschung und Lehre zu machen – all das war undenkbar, das wären geradezu abenteuerliche Interventionen in die rituell geschützte Sphäre der Freiheit von Forschung und Lehre gewesen. Ja, schon das Ansinnen galt als anrüchig, vergleichende Transparenz im Hinblick auf einfachste, aber hochrelevante Daten herzustellen. Wer hat in welchem Zeitraum was worüber publiziert, wer hat wie viele Examina abgenommen, wer hat welche Vortragseinladungen erhalten und wahrgenommen, wer wird von seinen Studenten wie beurteilt, wer vergibt welche Durchschnittsnote, wie viele Studierende sitzen in den jeweiligen Lehrveranstaltungen – all diese und weitere Daten in öffentlich zugänglichen Forschungs- und Lehrberichten zu erfassen galt als unschicklich und unkollegial.

Was nichts anderes heißt als dies: Die Universität erforschte alles, nur höchst ungern aber sich selbst. Und das aus einem naheliegenden Grund. Die Ergebnisse einer solchen Selbsterforschung wären erstens wenig überraschend (jedenfalls Uni-intern) und zweitens wenig schmeichelhaft. Pierre Bourdieus klassische und zugleich singuläre Studie über den *Homo academicus*[31] provozierte deshalb auch nicht etwa durch ihre Einsichten, sondern einfach dadurch, daß in ihr ausgesprochen und niedergeschrieben wurde, was »alle« wußten, sich aber nicht zu sagen trauten: daß die Universität als die Stätte rationaler Forschung und Lehre intern höchst irrationalen, in der Regel sandkastenpsychologischen Mustern verpflichtet ist. Jeder weiß zum Beispiel, daß direkte Kollegen im selben Fach höchst unterschiedliche Leistungen in Lehre und Forschung erbringen. Der eine kann über viele Semester hinweg ca. drei Examenskandidaten haben, der andere hingegen dreißig bis vierzig (und dennoch Relevanteres und mehr Beachtetes veröffentlichen!). Beim einen fallen selbst in Massenfächern mangels Nachfrage auch mal Veranstaltungen aus, der andere betritt regelmäßig überfüllte Seminarräume. Was nicht ausschließt, daß ersterer mehr Gremieneinfluß, eine bessere Lehrstuhlausstattung und höhere Bezüge hat, weil er zu Zeiten einen Ruf erhielt, als die öffentlichen Kassen noch einigermaßen flüssig waren.

Man braucht sich nur die Reaktionen auf den schlichten und naheliegenden Vorschlag vorzustellen, die Lehrstühle an deutschen Universitäten nach ihrer jeweiligen Auslastung und Produktivität auszustatten. Eine hochgradig gereizte Reaktion mit sofortiger Abschottung von Beständen unter Hinweis auf geltendes Recht wäre die absehbare Folge. Plausible Vorschläge wie die folgenden (vgl. dazu Kapitel 7) würden auf erbitterten Widerstand stoßen: Wer sehr viele Klausuren zu korrigieren hat, bekommt viele Hilfskräfte – wer nicht, nicht; wer viele Gutachten schreibt, wer viele Examina abnimmt, wer viele Auslandseinladungen erhält, wer kluge Symposien organisiert, wer viel und Vielbeachtetes veröffentlicht, der darf entschiedener auf knappe Sach- und Personalressourcen (zum Beispiel auf ein fremdsprachenkompetentes Sekretariat) zugreifen als der Kollege, bei dem dies eben nicht der Fall ist. Sonderlich originell sind solche Vorschläge nicht; angemessen sind sie selbstredend. Durchsetzbar sind bzw. waren sie bislang nicht. Denn der Status des deutschen Ordinarius war so unabhängig wie der des Richters. Er hatte seine schriftlich fixierten Berufungszusagen (etwa eine Sekretärin, zwei und in besseren Zeiten auch mehr Assistentenstellen, soundso viele »Hilfskräfte«). Und damit basta. Das war unantastbar. Auch und gerade dann, wenn sich Fragen nach dem Sinn und der Funktionalität einer solchen Ausstattung schwer vermeiden ließen. Die Kränkung, die damit einherging, daß junge Privatdozenten oder schlechter ausgestattete Kollegen deutlich mehr (seien es Schüler, seien es Publikationen, sei es an inner- und außeruniversitärer Aufmerksamkeit) zustande brachten, war Zumutung und Sanktion genug. Wo käme man denn hin, wenn man an der Universität rational kontrollierbare Kriterien für Ressourcenzuteilungen zuließe?

Einer, der sich auskannte und der nun wirklich unverdächtig ist, ein antiakademisches Ressentiment zu pflegen, hat das Problem einer Selbstblockade der Universität durch ihre allzu selbstverliebten und selbstverwalteten Professoren mit wünschenswerter Deutlichkeit benannt. In einem Brief vom 22. Mai 1810 an seine Frau Karoline, den er während der Hochphase seiner Berliner Reform-Aktivitäten schrieb, klagt Wilhelm von Humboldt:

»Der Zufall will, daß ich jetzt mehr wie je mit Geschäften überhäuft bin; ich muß sogar in dem Augenblick, wo ich nichts anderes voraussehe, als sehr bald abzutreten, noch neue Dinge organisieren und vorzüglich die hier zu errichtende Universität so in Tätigkeit setzen, daß die Vorlesungen mit Michaelis angehen können. Mit wie vielen Schwierigkeiten ich bei dem allem zu kämpfen habe, wie die Gelehrten – die unbändigste und am schwersten zu be-

friedigende Menschenklasse – mit ihren sich ewig durch-
kreuzenden Interessen, ihrer Eifersucht, ihrem Neid, ihrer
Lust zu regieren, ihren einseitigen Ansichten, wo jeder
meint, daß nur sein Fach Unterstützung und Beförderung
verdiene, mich umlagern, wie dann noch jetzt Unannehm-
lichkeiten und Zänkereien mit andern Kollegien und
Menschen hinzukommen, davon hast Du, teures Kind, keinen Begriff. Jeder, der mich sieht und die Umstände
kennt, wundert sich darüber, daß ich auch in diesen letzten Augenblicken die Geschäfte mit gleichem Eifer und
gleich ununterbrochen fortgehen lasse, und wirklich bin
ich überzeugt, daß nur bei sehr wenigen eine solche Krise
keinen Stillstand hervorbringen würde.«[32]

Ohne Wilhelm-von-Humboldt-Zitate kommen universitäre
Festreden in Deutschland bekanntlich nicht aus. Die soeben
angeführten wenig schmeichelhaften Worte über die »Menschenklasse« der eifersüchtigen, neidischen, zänkischen und
einseitigen Gelehrten gehören jedoch nicht zum kanonischen Zitatenschatz bei solchen Anlässen. Denn sie verweisen
tatsächlich auf ein zentrales Problem: auf die Unfähigkeit der
meisten Professoren, zu sich selbst in eine Distanz zu treten,
die auch nur entfernt sachlich-wissenschaftlichen Maßstäben genügte. Jeder glaubt offenbar ernsthaft, das wichtigste Fach (Kirchenslawisch, Jugendsprachen-Linguistik, spät-
römische Münzkunde, Schiffahrtsrecht, Sportsoziologie) am
besten zu vertreten, und kann deshalb andere Götter allenfalls unter der Bedingung zulassen, daß sie ihm nicht ins
Handwerk pfuschen und ihn in Ruhe lassen – so wie er sie.
    Kurzum: Für die Krise der Universität sind nicht nur die
bösen Politiker, die knappen Finanzen, die Altachtundsech-
ziger, die neuen Medien, der Niedergang der Gymnasial-

bildung, die oberflächlichen Studenten und die allgemeine Weltlage, sondern auch und gerade Professoren verantwortlich. Nämlich die Professoren, die mit ihren bemerkenswerten Privilegien egoistisch, egozentrisch und wenig souverän umgegangen sind, die Professoren, die zumal auf dem Gebiet der Selbstverwaltung versagt haben, konkreter: die Professoren, die Wilhelm von Humboldt in seinen obenzitierten Briefzeilen charakterisiert hat. Sie machen den Kollegen, die dem Ethos von produktiver Lehre und Forschung lustvoll verpflichtet sind (und das ist ein in jeder Weise informelles Ethos), das Leben schwer. Das gilt vor allem auch im Hinblick auf ein zentrales Problem: im Hinblick auf Berufungen. Bekanntlich hat die Universität bei der Antwort auf die für sie sicherlich wichtigste Frage, nämlich die Frage, wer eine Professur erhält, eine bemerkenswert weit reichende Autonomie. Und das ist auch gut so.

Die Vorstellung, Repräsentanten politischer, ökonomischer oder medialer Interessen könnten kompetent entscheiden, wer eine Professur für Informatik, Biochemie, Onkologie, komparatistische Literaturwissenschaft oder Religionssoziologie erhält, ist ersichtlich abwegig. Denn es gilt die Einsicht, daß Wissenschaft ein autopoietisches, sich selbst regulierendes System sein muß, wenn sie denn gute Wissenschaft sein will. Ein drastisches Beispiel dafür, wie verheerend für die Wissenschaft (und in diesem Fall: wie positiv für den Rest der Welt!) politische Interventionen in die Logik der Forschung sein können, ist die Anfeindung der Relativitätstheorie als »jüdischer Physik« durch die Nazis. Sie sorgte für einen Exodus bester Köpfe aus Deutschland und dafür, daß Nazi-Deutschland nicht vor den Amerikanern über eine einsatzbereite Atombombe verfügte. Nicht alle politisch-ökonomisch-medialen Interventionen in die Sphäre der Wissenschaft haben solch gravierende weltpolitische Folgen. Aber alle gut dokumentierten Versuche, Wissenschaft durch externe Impulse und inhaltliche Vorgaben zu steuern, führten verläßlich zu einem Resultat: zu schlechter Wissenschaft. Das wissen selbst militärisch-industrielle Komplexe und staatssozialistische Fünfjahrespläne für Wissenschaften. Sie können natürlich Wissenschaftssegmente wie Raketen-, Computer- oder Chemiewaffenforschung pushen, und sie tun das auch ausgiebig, sie können aber nicht sinnvoll vorgeben, was denn bei Forschungen sachlich-fachlich herauszukommen habe.

Daß die Steuerung und Kontrolle von Wissenschaft (nicht aber die ihrer finanziellen, politischen, juristischen etc. Rahmenbedingungen) nur durch Wissenschaft selbst erfolgen könne, hat sich langsam, aber sicher auch in Kreisen herumgesprochen, die nicht systemtheoretischen Gedanken und dem Zauberwort »Autopoiesis« verschworen sind. Schon die Humboldtsche Formel »Freiheit von Forschung und Lehre« zielt auf nichts anderes als auf Garantien für die Selbstbestimmung des Systems Wissenschaft (etwa in klarer Abgrenzung von staatlichen, kirchlichen oder ökonomischen Systemen). Da Wissenschaft aber selbst in Zeiten elektronischer Datenverarbeitung nicht ganz ohne Wissenschaftler auskommt, bleiben Berufungsfragen ein Kernproblem der Universität. Dabei hat nach wie vor ein alter Spruch seine Gültigkeit bewahrt: Erstklassige Professoren berufen erstklassige Professoren, zweitklassige berufen drittklassige, drittklassige … Gerangel und Konflikte um Berufungen gehören aus sehr einleuchtenden Gründen zum heißen, aber dennoch zumeist nach außen abgeschotteten Diskussionsbestand von Universitäten.

Vor kurzem erschien in einer hochangesehenen Reihe,

den vom Literaturarchiv in Marbach herausgegebenen *Marbacher Magazinen,* das Protokoll der Sitzung einer Berufungskommission an der Universität Frankfurt aus der alten Zeit wenige Jahre vor dem Umbruchsjahr 1967/68. Schon die Publikation von Berufungskommissions-Protokollen selbst ist ein zumindest latenter Tabubruch. Es ging um die Besetzung eines Lehrstuhls für Neuere Deutsche Literaturwissenschaft. Hier das von Klaus von See angefertigte Protokoll, aus dem ersichtlich wird, daß es im Kollegenkreis nicht eben langweilig zuging und daß dem Wissenschaftsbetrieb emotionale Elemente nicht ganz fremd sind:

»Kommission für deutsche Philologie
22. Juli 1964
Anwesend: Dekan (Konrad Kraft), Adorno, Habermas, Viebrock, Burger, Stöcklein, Weber, von See
Herr Adorno erhebt Einspruch gegen H. Politzer wegen persönlicher Angriffe
Herr Burger stellt fest, daß alle anwesenden Philologen Herrn Szondi ablehnen, daß nur die Herren Adorno und Habermas sich für Herrn Szondi einsetzen. Es überwiege bei Herrn Szondi die philosophisch-soziologische Perspektive, die in Frankfurt ohnehin gut vertreten sei.
Herr Viebrock: Herrn Szondis Leserbrief gegen Holthusen in der FAZ wirkt befremdlich.
Herr Adorno hält den Holthusen-Brief für eine ›taktische Torheit‹.
Herr Burger macht geltend, daß Herr Habermas allein der Kommission beigetreten sei, um Herrn Szondis Kandidatur zu fördern.
Dekan stellt fest, daß man nicht gegen den geschlossenen Willen der Fachvertreter entscheiden kann, und schlägt vor, die Kandidatur Szondis fallenzulassen.

Herr Burger ist nicht vorwiegend wegen des Leserbriefs gegen Herrn Szondi, sondern deswegen, weil die Befürchtung besteht, daß der Einfluß der wissenschaftlichen Richtung Herrn Adornos zu stark werde.

Herr Adorno bittet daraufhin, aus der Kommission austreten zu dürfen.

Herr Stöcklein sieht in dem Leserbrief ein Zeichen einer geistigen Krise und spricht sich vorwiegend deswegen gegen Herrn Szondi aus.

Herr Adorno verbleibt auf ausdrückliche Bitte der andern Mitglieder in der Kommission. (…)

Herr Adorno hält seinen Einwand bezüglich einer Nichtausscheidung Szondis aufrecht.

Dekan schlägt vor, Gutachten über diejenigen Herren, die wirklich in Frage kommen, einzuziehen, also Politzer, Schwerte, Mauser, Larowicz.

Herr Burger und *Weber* schlagen als Gutachter Böckmann, Sengle, Alewyn und Staiger vor.«[33]

Daß Peter Szondi der fachlich überragende Kandidat für die vakante Professur war, wird im Rückblick kein Kenner der literaturwissenschaftlichen Szene der letzten Jahrzehnte ernsthaft bestreiten. Berufen wurde er dennoch nicht. Einvernehmen in der Einschätzung dieses (und vieler anderer) Berufungsverfahren ist noch heutzutage, also gut vierzig Jahre später, nicht zu erzielen, wie die Leserbrief-Diskussion in der *Frankfurter Allgemeinen Zeitung* im Juli 2005 belegt, die durch einen Artikel von Lorenz Jäger (6. Juli) ausgelöst wurde und an der sich unter anderem Jürgen Habermas und Klaus von See beteiligten. Dabei ist der Hintergrund der Kontroverse unstrittig. Es ging, wie im Protokoll der Berufungskommission vermerkt, um einen Leserbrief (auch damals schon in der *FAZ*), mit dem Peter Szondi auf eine Rezension von Egon Holthusen über Paul Celans Gedichtband *Die Nie-mandsrose* reagierte. In seiner Besprechung hatte Holthusen Celans Metaphern-Gebrauch als unpräzise und beliebig kritisiert und dies mit dem Hinweis auf die Celansche Wendung »Mühlen des Todes« zu belegen versucht. Szondis Reaktion war so scharf wie präzise. Er erinnerte an Eichmanns berüchtigten Ausspruch »Wenn ich in drei Tagen nichts aus Istambul erfahren habe, lasse ich die Mühle in Auschwitz arbeiten« und führte dann aus: »Hans E. Holthusen aber, der einst ebenfalls die SS-Uniform trug, darf im Literaturblatt der *Frankfurter Allgemeinen Zeitung* (vom 2. Mai 1964) behaupten, der Ausdruck ›Mühlen des Todes‹ sei bei Paul Celan das Zeichen einer ›Vorliebe für die ‚surrealistische‘, in X-Beliebigkeit schwelgende Genitivmetapher‹ gewesen. Diese Koinzidenz ist kein Zufall: weder beim Dichter, dem der einstige Euphemismus noch gegenwärtig ist, noch beim Kritiker, der die Erinnerung an das, was gewesen ist, durch den Vorwurf der Beliebigkeit zu vereiteln trachtet.«[34]

Öffentlich darauf hinzuweisen, daß einer der einflußreichsten Literaturkritiker der damaligen Jahre eine SS-Vergangenheit und auch deshalb wohl sehr spezifische Schwierigkeiten im Umgang mit Celans Lyrik hatte, galt selbst Adorno als »taktische Torheit« (welch hintersinnige Wendung). Die Konstellation in der Berufungskommission war auch deshalb brisant, weil ihr mit Heinz Otto Burger ein schon an seinen bis (zum Teil auch nach) 1945 publizierten Schriften als solcher schnell zu erkennender überzeugter Altnazi und ehemaliger SA-Rottenführer angehörte. Die Kommissionsmitglieder wußten das wohl, aber »man«, selbst wenn man Adorno oder Habermas hieß, thematisierte das noch im Jahr 1964 nicht. Der Fall ist nun historisch, in Magazinen archiviert, und sicher in dieser Konstellation nicht repräsentativ für

Konflikte bei universitären Berufungsverfahren. Das schließt nicht aus, daß er insofern typisch ist, als er ein Licht auf die Probleme der universitären Selbstverwaltung und insbesondere der Kooptation neuer Kollegen wirft. Die dem Protokoll anvertraute Äußerung des Kommissionsmitgliedes Burger überrascht nicht wegen ihres Inhalts, sondern wegen ihrer Offenheit: »*Herr Burger* ist nicht vorwiegend wegen des Leserbriefs gegen Herrn Szondi, sondern deswegen, weil die Befürchtung besteht, daß der Einfluß der wissenschaftlichen Richtung Herrn Adornos zu stark werde.«

Selbstkritik gehört nicht zur typischen Stärke deutscher Professoren. Angelsächsischer Witz und die Lust an der Selbstironisierung ist ihnen zumeist unvertraut. Nicht nur deshalb erfreut sich die Frage nach der Mitverantwortung der Lehrstuhlinhaber an der Krise der deutschen Universität in ihren Kreisen keiner großen Beliebtheit. So gut wie alle unter ihnen aber wissen, daß der ohne Rücksichten auf kollegiale Üblichkeiten geschriebene Roman *Campus* von Dietrich Schwanitz ins Schwarze trifft, obwohl oder eben weil er zahlreiche kolportagehafte Züge aufweist, Klischees nicht meidet und sich ersichtlich aus einem starken Affekt speist. Auch wenn das Zugeständnis peinlich ist: Geschichten, die denen aus Schwanitz' *Campus*-Roman verwandt sind, kann jeder, der die deutsche Universität kennt, erzählen; der Verfasser zum Beispiel davon, daß sich eine Fakultät in beantragter geheimer Abstimmung dagegen ausspricht, einen Kollegen für einen hohe Forschungsmittel einbringenden Preis vorzuschlagen, obwohl es weder in der Fakultät noch in der gesamten Universität einen weiteren Vorschlag gibt, oder davon, daß dieselbe Fakultät in gleichermaßen beantragter geheimer Abstimmung die Zustimmung zur Beurlaubung eines Kollegen verweigert, für fünf Jahre eine Stelle an einer renommierten US-Universität anzunehmen, obwohl es im fraglichen Fach über hundert arbeitslose Habilitierte gibt, die nur zu gerne den frei werdenden Lehrstuhl vertreten würden.[35]

Im alltäglichen Gremiengeschäft lassen sich tatsächlich viele, allzu viele Professoren von Fragen und Impulsen wie diesen umtreiben: Wie kann ich verhindern, daß jemand berufen wird, der klüger und erfolgreicher ist als ich? Wie kann ich dafür sorgen, daß mein eigener Forschungsschwerpunkt zum Gegenstand von Prüfungsordnungen wird? Wie kann ich erfolgreichere Kollegen diskreditieren (zum Beispiel durch die Behauptung, er schreibe ja auch für Zeitungen und sei also gar kein richtiger Wissenschaftler, oder er habe nur so viele Studenten, weil er so gute Noten gibt)? Wie kann ich Transparenz verhindern, die mir schaden würde? Das sind Fragen, die in analoger Fassung auch in anderen Berufszweigen, zum Beispiel in großen Unternehmen, nicht unbekannt sein dürften. Der springende Punkt, der solchen Impulsen an der Universität eine besonders destruktive Dynamik verleiht, ist aber, daß die beamteten und von der rituellen Kraft der Formel »Freiheit von Forschung und Lehre« geschützten Professoren ihren vulgärpsychologischen Impulsen einigermaßen enthemmt und ohne Furcht vor größeren Sanktionen nachgehen können.

Um das Problem an einem völlig unspektakulären, gänzlich skandalfreien, aber ebendeshalb bemerkenswert normalen Fall zu illustrieren: der viel zu früh verstorbene SPD-Bildungspolitiker Peter Glotz hatte es nach der deutschen Einigung von 1990 und trotz damals schon enger Finanzmittel geschafft, Politiker von den Reizen der Neugründung einer alten und ehrwürdigen Universität zu überzeugen. Die Universität Erfurt sollte wieder eine Alma mater werden – ein

Zentrum für anspruchsvolle Geistes-, Kultur- und Medienwissenschaft, das selbstbewußt zum Beispiel auch an die Erklärungs- und Prägekraft theologischer Fragestellungen erinnert und also keine Angst vor einer Konstellation spezifisch neuer Fächer (wie Medien- und Kulturwissenschaft) und vermeintlich antiquierter Disziplinen (wie Religionswissenschaft) hat. Entstehen bzw. aus Ruinen auferstehen sollte eine Forschungsuniversität mit selbstbewußtem bis elitärem Anspruch, eine Alma mater, die Liebe und Aufmerksamkeit verdient, eine Leuchtturm-Universität, der es gelingt, einige der für Hochschulen in den letzten Jahrzehnten verlorenen Impulsfunktionen zurückzugewinnen.

Nun tritt man aber der altehrwürdigen und neugegründeten Universität Erfurt nicht zu nahe, wenn man von ihr sagt, daß sie sich vom akademischen *business as usual* nicht allzusehr unterscheidet. Ein Grund dafür liegt auf der Hand. Die Berufungskommissionen für die neuen Fakultäten rekrutierten sich aus dem akademischen *juste milieu*. Und so kam es, obwohl sich eine bemerkenswert große Zahl von Nicht-Gremien-Professoren, von impulsgebenden Gelehrten und Intellektuellen, von Köpfen, die noch an Humboldt-Idealen orientiert waren, beworben hatten, zu den üblichen (nota bene: respektablen) Berufungen. Bekanntlich hat Peter Glotz Erfurt alsbald verlassen und einen Ruf an die Universität in St. Gallen angenommen. Man hört nicht sonderlich viel von herausragenden, die Campusgrenzen überbordenden, lebhafte Diskussionen auslösenden und die knappe Ressource Aufmerksamkeit auf Universitäres lenkenden Großtaten aus der ehrwürdigen thüringischen Stadt. Die im Universitätsmilieu gängige und ersichtlich nicht sehr komplexe Erklärung dafür lautet: Politik und Finanzen sind schuld.

5.
Streit der Fakultäten

Den deutschen Universitäten weht ein scharfer Wind entgegen. Klug, wie ihre Bewohner nun einmal sind, merken sie dies und rüsten sich für die wohl langfristig andauernden Zeiten, in denen ein rauhes Klima herrscht. Wie stürmisch die Zeiten sind, merkt man auch daran, daß alte kollegiale Rücksichten zunehmend verblassen, wovon zum Beispiel der von ungewöhnlichen Turbulenzen umbrauste Rücktritt des Präsidenten der HRK (Hochschulrektorenkonferenz) Peter Gaehtgens im November 2005 oder auch, wie oberflächlich lesende Kritiker anmerken könnten, der vorliegende Essay Zeugnis ablegt. Ein mächtiges Indiz dafür ist, daß die Universitäten ein für sie neues Lieblingsleitwort gefunden haben: sie »konkurrieren« seit einigen Jahren untereinander ausdrücklich – um Drittmittel, um Aufnahme in Exzellenzprogramme, um Plätze auf irgendwelchen ranking-lists, um zahlungsfreudige Studenten, um Medienaufmerksamkeit oder um Sponsoren und Mäzene. Die Universitäten konkurrieren aber nicht nur untereinander, ihre Fächer und Fakultäten tun dies vermehrt und mit wachsendem Ingrimm auch intern. Welches Fach oder gleich welche Fakultät soll zugunsten welcher anderen »ausbauwürdigen« Disziplin geschlossen, »zurückgefahren«, »umgewidmet« oder »neu aufgestellt« werden? Die Alma mater alimentiert nicht mehr all ihre Kinder. In dem Maße, in dem sie zum sachlich kalkulierenden Neutrum geworden ist, beäugt sie mögliche Kuckucks-, Papageien-, Brieftauben- und Nachtigalleneier mißtrauisch und wirft sie im schnell sich einstellenden Zweifelsfall aus dem Nest.

Artenschutz ist eindeutig nicht die Leitvokabel der gegenwärtigen Universitätsentwicklung. Erwähnt sei nur ein Fall aus jüngerer Zeit: Der Präsident der Universität Göttingen, Kurt von Figura, hat laut Bericht der *Süddeutschen Zeitung* vom 29. November 2005 gar gefordert, Schwachstellen müßten »ausgemerzt« werden, für welches »Unwort« er, der von Haus aus Biochemiker ist, sich dann schnell entschuldigt hat. Was er mit »Schwachstelle« meinte, war und blieb allerdings klar: die Göttinger Politikwissenschaft, zu der so prominente und öffentlich präsente Köpfe wie die Parteienforscher Franz Walter und Peter Lösche oder der renommierte Modernisierungstheoretiker und Islam-Experte Bassam Tibi zählen (der Präsident charakterisierte sie als »Feuilletonprofessoren«), füge sich nicht in die erforderliche »Umstrukturierung der Sozialwissenschaftlichen Fakultät« und die geplante »Clusterbildung«. In einem in der *Süddeutschen Zeitung* vom 5. Dezember 2005 abgedruckten Kurzinterview begründete der Universitätspräsident seine kritische Einstellung gegenüber seinen Kollegen. Auf den Hinweis des Interviewers »Sie sollen von Feuilletonprofessoren gesprochen haben«, reagierte er mit den aufschlußreichen Worten: »Studenten sagten, die Politologen seien doch bundesweit bekannt. Darauf sagte ich, daß es eine Kluft in der Wahrnehmung zwischen Fachwelt und Öffentlichkeit gibt. Ich maße mir nicht an, das zu beurteilen. Wenn ein Professor für Zeitungen schreibt, kann das mit herausragenden wissenschaftlichen Leistungen korrelieren, muß aber nicht. So habe ich mich ausgedrückt.« Da ist einer ersichtlich um Vorsicht bemüht; der Satz »Es kann so sein oder auch anders« ist meistens richtig. Geht es doch um ein heikles Problem. Nämlich um das

Verhältnis von Medien und Universität (dazu im nächsten Kapitel mehr).

Es gibt weitere Indizien für die rauhe, ausmerzungsbereite Konkurrenzatmosphäre, die auch den Campus und die ehemals schützenden Gefilde der Alma mater erreicht hat. Ein kleines Indiz ist der jüngste Streit der großen deutschen Hauptstadt-Universitäten, wem die Berliner Nobelpreisträger »gehören«. Die Freie Universität und die Humboldt-Universität möchten aus nachvollziehbaren Gründen je sich selbst die Reihe großer Namen zurechnen, die mit dem Nobelpreis geehrt wurden. Dies nicht zuletzt deshalb, weil in den immer beliebter werdenden, doch allenfalls mit großer Vorsicht zu genießenden international vergleichenden ranking-lists der besten Universitäten ordentlich Punkte für ergatterte Nobelpreise vergeben werden. Der Blick dessen, der die Rektoratsetage der Berliner Humboldt-Universität Unter den Linden betritt, fällt auf eine beeindruckende Porträtgalerie von Nobelpreisträgern. Zwischen 1900 und 1909 waren es acht, zwischen 1910 und 1919 sechs, zwischen 1920 und 1929 vier, zwischen 1930 und 1939 sechs, zwischen 1940 und 1949 einer und zwischen 1950 und 1956 vier. Und dann ist Schluß. Auch die Freie Universität oder die Technische Universität in Westberlin konnten nicht ergänzend einspringen.

Natürlich liegt es nahe, der in dieser sachlichen Feststellung über den Niedergang der Naturwissenschaften an deutschen Universitäten unvermeidlich angelegten Provokation sofort mit dem scharfen Hinweis zu entgegnen, für die sogenannten Geisteswissenschaften gäbe es zu Recht keine Nobelpreise, weil sie keine richtigen Wissenschaften seien, und deshalb könne es eben auch keinen Rückgang bei den Nobelpreisen geben. Zur Verfassung, neudeutsch: zum *standing* von Geisteswissenschaften, die Anspruch auf den zweiten Teil ihres Kompositum-Begriffs machen, gleich mehr. Zuvor aber ist noch eine Bemerkung zur hochgereizten Nobelpreisdiskussion fällig. Die Liste der Nobelpreisträger, die an US-Universitäten forschen und lehren, wird kontinuierlich länger. Erwähnt wird diese kränkende Diskrepanz in den deutschen hochschulpolitischen Debatten immer wieder. Die Klage über den Niedergang der deutschen Universität trägt deutlich rituelle Züge. Zu Ritualen gehört es, daß sie entscheidende Fragen ausblenden und Aufmerksamkeit neutralisieren bzw. systematisch auf einige wenige Daten fokussieren. Ein Grundgestus der Wissenschaft ist es nun aber, die schlichte Frage zu stellen, ob denn stimmt, was man gemeinhin denkt und sagt, und zu beobachten und zu problematisieren, was ansonsten nicht beobachtet und problematisiert wird.

Diese Unabhängigkeit und Unbedingtheit rühmt Herder schon der spätmittelalterlichen Universität nach. In seinen *Ideen zur Philosophie der Geschichte der Menschheit* heißt es:

>*Die Universitäten* waren gelehrte Städte und Zünfte; sie wurden mit allen Rechten derselben, als Gemeinwesen, eingeführt und teilen die Verdienste mit ihnen. Nicht als Schulen sondern als politische Körper schwächten sie den rohen Stolz des Adels, unterstützten die Sache der Regenten gegen die Anmaßungen des Papstes, und öfneten statt des ausschließenden Clerus einem eignen gelehrten Stande zu Staatsverdiensten und Ritterehren den Weg. Nie sind vielleicht Gelehrte mehr geachtet worden, als in den Zeiten, da die Dämmerung der Wissenschaften anbrach; man sahe den unentbehrlichen Wert eines Gutes, das man so lange verachtet hatte, und indem Eine Partei das Licht scheuete, nahm die Andre an der aufgehenden Morgen-

röte desto mehr Anteil. Universitäten waren Vestungen und Bollwerke der Wissenschaft gegen die streitende Barbarei des Kirchendespotismus; einen halbunerkannten Schatz bewahreten sie wenigstens für bessere Zeiten. Nach Theoderich, Karl dem großen und Alfred wollen wir also vorzüglich die Asche Kaiser Friedrichs des zweiten ehren, der bei zehn andern Verdiensten, auch Universitäten in jenen Gang brachte, in welchem sie sich Zeither, lange nach dem Muster der Parisischen Schule, fortgebildet haben. Auch in diesen Anstalten ist Deutschland gleichsam der Mittelpunkt von Europa geworden; in ihm gewannen die Rüstkammern und Vorratshäuser der Wissenschaften nicht nur die vesteste Gestalt, sondern auch den größesten innern Reichtum.«[36]

Worin der größte innere Reichtum der Universität bestehe, ist nicht erst seit Herders und Kants Zeiten eine anhaltende Frage. Herders Antwort hat Charme: Die Universität sieht, was andere Beobachtungssysteme nicht sehen können. Darin liegt ihr Existenzrecht. Nun ist es reizvoll, diese Überlegung auf die heutige Universitätsdebatte selbst anzuwenden und zu sehen, was in ihr meist verdrängt wird. Geradezu systematisch ausgeblendet wird in den meisten der gegenwärtigen Debatten um die Krise der Universität in Deutschland zumindest zweierlei. Nämlich erstens, daß sich viele deutsche Hochschulreformer an den überlegenen US-Universitäten orientieren, wenn sie mehr Pragmatismus, mehr Effizienz, neue Studiengänge wie den Bachelor of arts, Juniorprofessuren oder Elite-Unis fordern. Und dabei die hübsche Paradoxie schlicht übersehen, daß gerade die vollkommen zu Recht vielgerühmten US-Universitäten (wie Harvard und Princeton, Yale und Stanford, Berkeley und Charlottesville) sich ihrerseits geradezu stur an der deutschen Humboldt-Universität und ihren Idealen orientieren: nämlich an der Unabhängigkeit von Forschung, der Unbedingtheit des Campus-Lebens, der Geringschätzung von Bürokratie und Gremienarbeit, der Ritualisierung akademischen Lebens, der Hochschätzung eines pathetisch verstandenen Bildungsauftrags, dem offensiven Bekenntnis auch zum überflüssig Scheinenden und der generösen Ressourcenausstattung.

Noch stärker ausgeblendet aber wird in den meisten der gegenwärtigen Debatten um die deutsche Universitätskrise (zweitens), daß ihr Renommee-Verlust (wo bleiben die Nobelpreise?) sich weitgehend auf die naturwissenschaftlichen und ökonomischen Disziplinen und Fakultäten beschränkt. Physik-, Chemie-, Biologie-, Mathematik- und Ökonomie-Nobelpreise werden in der Tat nicht mehr regelmäßig an Berliner, deutsche oder europäische, sondern zumeist an US-amerikanische Forscher verliehen. Daß sich auf diesen Gebieten ein in absehbarer Zeit kaum einholbarer Vorsprung des amerikanischen Universitätssystems abzeichnet, ist nicht sinnvoll zu bestreiten. Auf geisteswissenschaftlichem Gebiet ist das aber ersichtlich nicht der Fall. Vielmehr sind die Humanity-Departments der amerikanischen Elite-Universitäten erstaunlich eurozentrisch ausgerichtet. Das gilt ironischerweise noch und gerade auch im Nachvollzug der Kritik an einem geisteswissenschaftlichen Eurozentrismus. Die Impulse, die in den letzten Jahrzehnten die avancierten geisteswissenschaftlichen Köpfe der Ivy-League-, aber auch der kalifornischen Spitzen-Universitäten umtrieben, stammen aus Old Europe. Nämlich der Strukturalismus, die Mentalitätsgeschichte, der Feminismus und die Dekonstruktion aus Paris (stellvertretend seien unter anderem die Namen Lévi-Strauss, Lacan, Foucault, Derrida, Irigaray genannt), die Interpretationstheorie aus Italien (unter anderem Eco, Ginzburg), die *cultural studies* aus England, die Hermeneutik oder Gedächtnisgeschichte aus Deutschland (unter anderem Gadamer, Iser, Aleida und Jan Assmann). Diese und andere Theorien haben die amerikanischen Humanity-Departments produktiv aufgegriffen, geschärft und weiterentwickelt und dabei auf ängstliche Abwehrschlachten gegenüber allem Neuen, wie sie etwa die deutsche Auseinandersetzung um den sogenannten Poststrukturalismus kennzeichnet, souverän verzichtet.

Die Situation ist wieder einmal hochgradig paradox. Die Geisteswissenschaften und auch die Sozialwissenschaften sind in exzellenter Verfassung – und in einer institutionellen Geltungs-Krise, die weit über ihren kontinuierlichen und produktiven Krisenstatus hinausweist. Daß die Geisteswissenschaften im Hinblick auf ihre Forschungsleistung (trotz der oben angedeuteten Selbstblockaden!) bemerkenswert produktiv und innovativ sind, ist nicht ernsthaft zu bezweifeln und wird jenseits aller Schulstreitigkeiten von kundigen Thebanern auch nicht bestritten. Zu diesen gehören sicherlich auch die Mitglieder des Wissenschaftsrates. Sie haben im Januar 2006 ein Gutachten zur Lage der Geisteswissenschaften in Deutschland vorgestellt, das deutlich macht, wie wenig die jüngeren Studien- und Universitäts-Reformen zur spezifischen Kultur der Geisteswissenschaften passen und wie produktiv die sogenannten Geisteswissenschaften gerade in den letzten Jahren und Jahrzehnten dennoch sind.

Das gilt in handwerklicher ebenso wie in reflexiver, analytischer und methodologischer Hinsicht. Historisch-kritische Text-Ausgaben haben ein Niveau und übrigens auch eine Leserfreundlichkeit erreicht, die weit über das frühere Niveau hinausreichen. Man braucht nur die für damalige Zeiten (Zwanziger- bis Sechzigerjahre des letzten Jahrhunderts)

exzellenten von Hellingrath oder Beissner edierten Hölder-
lin-Ausgaben mit der vor wenigen Jahren abgeschlossenen
Frankfurter Hölderlin-Ausgabe zu vergleichen, um in edi-
tionsphilologischer Hinsicht zu dieser positiven Einschätzung
zu kommen. Man braucht nur die literaturwissenschaftlichen
Dissertationen und Abhandlungen, auch und gerade die spä-
terhin berühmter Köpfe, aus den Jahren 1900, 1920, 1940
und 1960 mit denen zu vergleichen, die 1980 oder 2000 er-
schienen, um der Einschätzung zustimmen zu müssen, daß
der Reflexionsgrad, die Analysekraft und das methodolo-
gisch geschärfte Bewußtsein der jüngeren Arbeiten dem der
Altvorderen in der Regel weit überlegen sind (Arbeiten wie
die von Walter Benjamin, Richard Alewyn, Max Kommerell
oder Arthur Henkel sind die wunderbaren Ausnahmen, die
diese Regel bestätigen). Man braucht nur die berühmten
Werke der Geschichtsschreibung des neunzehnten Jahrhunderts mit neueren Geschichtsbüchern aus der Zeit der Jahrtausendwende zu vergleichen, um schnell zu erkennen, wieviel umsichtiger, gelassener, analytischer und selbstkritischer
letztere sind. Man braucht nur die zum Teil grotesken Übungen und Kategorien der tradierten Kunstgeschichte mit den
jüngeren kunstanalytischen Veröffentlichungen etwa von
Martin Warnke, Gottfried Boehm und Horst Bredekamp zu
vergleichen, um feststellen zu können: endlich gelingt es, Bilder und ihre auf- und anregenden Botschaften wirklich zu
lesen. Man braucht nur daran zu denken, daß es das Fach Medienwissenschaft an Universitäten in Zeiten des Buchdrucks,
der Massenpresse, der Photographie, der Phonographie, der
Schreibmaschine, des Kinos und des Radios schlicht nicht
gab, um zu erkennen, daß die medienanalytische Orientierung der neueren Geisteswissenschaften doch wohl mehr
als nur eine oberflächliche Mode ist. Man braucht nur Luh-

manns soziologische Systemtheorie mit Tönnies' vielgerühmter Schrift über *Gesellschaft und Gemeinschaft* zu vergleichen, um anerkennen zu müssen: Es gibt gerade in den letzten drei bis vier Jahrzehnten in methodischer, analytischer, thematischer und reflexiver Hinsicht einen Fortschritt in den Geistes- und Sozialwissenschaften, und dieser Fortschritt ist gewaltig.

Die derzeitigen Geistes- und Sozialwissenschaften sind, um es amerikanisch auszudrücken: »in very good shape«. Und doch sind sie außerordentlich krisengeschüttelt. An ihren Kosten kann das kaum liegen; denn bekanntlich sind sie um ein Vielfaches preiswerter als die naturwissenschaftlichen und technischen Fächer, die in der derzeitigen Universitätsreform-Bewegung umworben und zu deren Gunsten Gelder »umgeschichtet« werden. An ihrem Image liegt das schon eher, gelten die sogenannten Geisteswissenschaften doch nach wie vor bei vielen als weiche Diskussions- und Empathiedisziplinen, die den nobilitierenden Begriff »Wissenschaft« nicht eigentlich verdienen. Dabei ist das tradierte Denkschema, das zwischen harten, erklärenden, prognostischen, falsifizierbaren (Natur-)Wissenschaften einerseits und weichen, verstehenden, vergangenheitsorientierten, unüberprüfbaren Disziplinen andererseits unterscheidet, in dieser Schlichtheit kaum zu halten.

Wer nämlich von den naturwissenschaftlichen, technischen und auch den rechenintensiven ökonomischen Fächern verläßliches Wissen erwartet, wird übel enttäuscht. Man muß das nicht gleich mit astrophysikalischen Streitigkeiten um Big-Bang-, String-, Antimaterie- und Schwarze-Löcher-Theorien oder Fragen wie diesen illustrieren: Läßt Gödels Satz von der Unvollständigkeit der Logik den Schluß zu, daß Wahrheit systematisch und uneinholbar ein stärkerer Begriff ist als Beweisbarkeit? Gibt es Paralleluniversen? Stimmt Gödels modallogischer Gottesbeweis? Ist evident, was »evident« heißen soll? Es genügt vielmehr, auf handfeste und in jedem Sinne naheliegende Beispiele zu verweisen, um darzulegen, daß das Vertrauen naiv ist, Natur- und rechenintensive Wissenschaften könnten verläßliches prognostisches Wissen bereitstellen. Ist Elektrosmog gesundheitsschädlich? Schadet allzuviel Handynutzung? Können Atomkraftwerke gebaut werden, die es verdienen, sicher genannt zu werden? Wie entwickelt sich die Weltbevölkerung? Wie groß sind und wie lange reichen die Erdölvorräte? Wann kommt die nächste Grippe-Epidemie? Stimmt die Grundannahme vieler Wirtschaftstheorien, der Mensch sei ein homo oeconomicus, dessen Verhalten mit rational-choice-Annahmen erklärbar sei? Haben die *Chicago boys of economics* oder vielleicht doch die Keynesianer recht mit ihren Annahmen über eine optimale Wirtschafts- und Finanzpolitik? Müssen geklonte Zellen schneller altern als ihre Vorlagen? Ist der nicht ernsthaft zu bestreitende Klimawandel wesentlich auf menschliches (Fehl-)Verhalten zurückzuführen?

Diese und viele andere Fragen mehr gehören in den Kompetenzbereich der sogenannten harten Wissenschaftsdisziplinen. Dennoch bieten sie Anlaß für jene unendlichen Diskussionen, die doch als zweifelhaftes bis zwielichtiges Markenzeichen der Geisteswissenschaften gelten. Nun wäre es einfach nur albern, die gewaltigen und beeindruckenden Erkenntnis- und Technik-Fortschritte in Frage zu stellen oder auch nur zu relativieren, die in den letzten Jahrzehnten etwa auf den Gebieten der Informationsverarbeitung, der Genetik oder der Neurophysiologie erzielt wurden. Gerade diese dramatischen Fortschritte liefern aber auch überreiches Material für die Notwendigkeit geisteswissenschaftlicher Forschung. Ein Beispiel nur: die Frage, wann menschliches Leben beginnt und endet, ist, wie etwa die Diskussionen um die Zulässigkeit embryonaler Stammzellenforschung oder um Möglichkeiten und Grenzen der Transplantationsmedizin zeigen, für viele Disziplinen essentiell – und von »existentiellem« Gewicht ist sie sowieso. »Naturwissenschaftlich« beantwortbar aber ist sie nicht. Es genügt schon ein kurzer Blick in die Medizingeschichte, um herauszufinden, wie variabel die technischen Antworten auf die Frage nach dem Lebensende waren – und eben auch sind. Kriterien wie Atemstillstand, ausbleibende Reflexe, starre Augen oder Herzstillstand haben sich als falsifizierbare Kriterien für den eingetretenen Tod erwiesen. Zur Zeit gilt bekanntlich das Ausbleiben von Hirnströmen als verläßliches Todeskriterium. Das führt eben nicht nur in der medizinischen Theorie, sondern mittlerweile auch in der Lebenspraxis zu der schreienden Paradoxie, daß (Hirn-)Tote Monate nach ihrem Tod Kinder gebären.

Fragen, die nun wirklich nicht im Verdacht stehen, von sophistischer Qualität zu sein, Fragen von zweifelsfrei dringlicher Qualität wie etwa die nach dem Beginn und dem Ende des menschlichen Lebens, lassen sich nur im Grenzbereich von Natur- und »Geistes«-Wissenschaft klären. Denn sie verlangen nach semantischen Unterscheidungen, die sich schlechterdings nicht aus der Sache selbst (zum Beispiel aus der Analyse von Zellkulturen) ergeben können. Ob das menschliche Leben, um nur einige vieldiskutierte Definitionsmöglichkeiten zu erwähnen, mit der Einnistung der befruchteten Zelle, nach Vollendung des dritten Schwangerschaftsmonats, mit der Geburt oder dank Seelenwanderung Jahrhunderte vor der Geburt beginnt, ist fraglich und wird fraglich bleiben, weil es auf Fragen dieser Art keine objektiven »naturwissenschaftlichen« Antworten geben kann. Wohl aber gibt es aussagekräftige religions-, kultur- und mentalitätsgeschichtliche Untersuchungen, die eindrucksvoll belegen können, wie unterschiedlich Antworten auf die Fragen nach Anfang und Ende des menschlichen Lebens ausfallen können – und welch weitere wirkungsvolle Unterschiede (etwa in juristischer, religiöser, pädagogischer, psychologischer etc. Hinsicht) mit solchen Unterscheidungen einhergehen.

Paradoxien auch hier: gerade im Zeitalter der Dechiffrierung von basalen biogenetischen Codes, gerade in dem Zeitalter, in dem deutlich wird, daß die alte Rede vom Buch der Natur und vom Lied, das in allen Dingen schläft, weniger metaphorisch ist als bislang angenommen, gilt der Satz »natura non loquitur«. Die Natur spricht nicht, sie ist stumm und ebendeshalb hochgradig unterschiedlich deutbar. Zu den faszinierendsten Resultaten der neueren Wissenschaftsentwicklung zählt zweifellos die unerwartet früh vollendete Kartierung des menschlichen Genoms. Nun muß man kein Pathetiker sein, um die Frage zu stellen, was da eigentlich kartiert wurde: das Rätsel des menschlichen Lebens oder gar des Lebens überhaupt? Das behaupten ja selbst die zu Recht bewunderten Leser im Gen-Buch des Lebens oder eben doch wohl eher: das behaupten ja selbst die Code-Knacker nicht. Denn das wäre so unplausibel wie die Handlung eines Kassierers, der Besuchern eines Konzerts erklären würde, daß die musische Veranstaltung wegen massenhafter Erkrankung der Orchestermitglieder ausfallen müsse, dies aber weiter nichts mache, denn jeder, der eine Konzertkarte erworben habe, erhalte nun die Partitur.

Selbstredend hat es immer auch abgründige bis ironieträchtige Dimensionen, wenn sogenannte Geisteswissenschaftler (zu denen auch der Verfasser dieses Essays zählt, der ein so traditionelles Fach wie Germanistik und ein so modisches Fach wie Medienwissenschaft vertritt) darlegen wollen, wie wichtig ihr Tun und Lassen ist. Selten aber war es so einfach, genau dies mit Überzeugung und nicht nur mit mehr oder weniger geistreichen Hinweisen auf die Notwendigkeit des Überflüssigen oder die Kompensationsfunktionen des Schönen zu tun. Ist es doch einfach unplausibel, auch nur Ansätze zum Begreifen und Verstehen, geschweige denn zur Lösung vieler großformatiger Probleme von den Naturwissenschaften zu erwarten. Es genügt, öffentlich gängige Problem-Labels wie *nine-eleven*, EU-Beitritt der Türkei, Globalisierung, Multikulti, *clash of civilizations*, Bürgerkrieg in Ex-Jugoslawien, religiöser Fundamentalismus, Umweltverschmutzung, Handy-Sucht, Pandemien, demographische Entwicklung oder Aufstände von Jugendlichen in ghettoähnlichen Vorstädten zu evozieren, um deutlich machen zu können: dazu haben Fächer wie Biogenetik, Neurophysiologie, Informatik, Physik und Chemie vergleichsweise wenig zu sagen. Umgekehrt aber ist kaum sinnvoll zu bestreiten, daß vermeintlich rein sachlich-technische Probleme häufig mit Folgeproblemen versehen sind, die in »geisteswissenschaftliche« Zuständigkeit fallen. Wenn Atommüll eine Halbwertzeit hat, die nach Jahrtausenden zählt, so müssen die einschlägigen Deponien mit Warnschildern, Inhaltsangaben und Gebrauchsanweisungen versehen werden, die noch im Jahr 12 000 für dann existierende Lebewesen (Menschen, Übermenschen, Klone, transhumane Existenzen?) schnell und auch unter Streßumständen (sollen wir angesichts von Katastrophen in diese Höhle ziehen?) lesbar sind. Englische, deutsche oder chinesische Zeichen könnten dann aber so schwer zu dechiffrieren sein wie einst die ägyptischen Hieroglyphen. Und kein Rosettastone und kein genialer Ägyptologe wie Champollion steht im Augenblick der Not bereit, um ein handfestes Problem zu lösen. Auch Geisteswissenschaften können prognostisches Wissen zur Verfügung stellen: in mehreren tausend Jahren wird Englisch nicht mehr eine weltweit bekannte Sprache, sondern allenfalls ein Problem für transhumane Dechiffrierprogramme sein.

Es gehört zu den wenig thematisierten Paradoxien der jüngeren Universitätsgeschichte, daß ausgerechnet die vielbelächelten Orchideenfächer aus geisteswissenschaftlichen Gefilden dramatische Proben ihres Existenzrechts liefern konnten. Byzantinistik galt über Jahrzehnte nicht gerade als Fach, auf das man unter keinen Umständen verzichten kann. Nach dem Zerfall Jugoslawiens und der politischen Neuorganisation im ganzen südosteuropäischen Raum ist es nicht nur für Politiker und Medienkonzerne, sondern selbst für Banken, Versicherungen, Werbeagenturen und Großkonzerne wichtig, sich von Spezialisten erklären zu lassen, was denn der Unterschied zwischen Ost- und Westrom sei, warum Istanbul einst Byzanz und Konstantinopel hieß, worüber sich orthodoxe und katholische Christen streiten und welch unterschiedlichen Status ein Bild (nicht nur eine Ikone und nicht nur Mohammed-Karikaturen) in unterschiedlichen Kulturen habe.

Islamwissenschaft und Arabistik hatten es noch vor wenigen Jahren schwer, wichtig und ernst genommen zu werden. Hier erübrigt sich fast jeder Kommentar; denn heute würden noch so technikgläubige Universitätspräsidenten und Wissenschaftsminister zögern, diese Fächer aufzugeben (und sei es zugunsten von Informatik und Biotechnologie). Absolventen dieser Disziplinen haben keine Schwierigkeiten, auf dem Arbeitsmarkt gut dotierte Stellen zu finden, und das nicht

nur, weil es Geheimdienste gibt. Vergleichende Religionswissenschaft und Ethnologie galten nicht eben als attraktive,
praxisrelevante und förderungswürdige Disziplinen. Heute
spricht sich aus naheliegenden Gründen vergleichsweise
schnell herum, daß es sich lohnt, über einige religionswis-
senschaftliche Kenntnisse zu verfügen – schon, um die Fern-
sehnachrichten zu verstehen, die mit eigentümlicher Regelmäßigkeit über Konflikte aus Regionen berichten, die
religiös und polittheologisch überhitzt sind (Nordirland, Ex-
Jugoslawien, der Nahe Osten, Indien/Pakistan, Südostasien,
aber eben auch Washington und der amerikanische Bible-
Belt).

Aus der Feder eines Ägyptologen, also des Vertreters eines
Faches, das als Inbegriff des Überflüssigen gilt, genauer: aus
der hochproduktiven Schreibmanufaktur von Jan und Aleida Assmann stammen die kulturanalytischen Begriffe und
Theoreme, die schnell und aus besten Gründen Wissen-
schaftsgeschichte gemacht haben und ihrerseits an wissen-
schaftsgeschichtlich wichtige Fragestellungen – in diesem
Fall von Maurice Halbwachs – anknüpfen: kulturelles, kol-
lektives und kommunikatives Gedächtnis. Das Gewicht der
Fragestellung, was wie und mit welchen Medientechniken
von und für wen im Rahmen welcher polittheologischen Zeit-
ordnung erinnert werden solle, konnte sich wohl nur von der
scheinbar exotischen Beobachterposition eines Orchideen-
faches wie der Ägyptologie erschließen. Wer ein solches Fach
vertritt, ist per se Außenseiter.

Konventionellere und schlicht größere Fächer wie Geschichte, Philosophie und Literaturwissenschaft neigen hingegen dazu, Fragestellungen und Theorien zu bekämpfen,
die allzu außenseiterhaft scheinen (man braucht nur zu
beobachten, wie irritiert, gereizt und ignorant die universi-

täre Philosophie mit einem unzweifelhaft originellen, hoch-
gebildeten und außerordentlich produktiven Kopf wie Peter
Sloterdijk umgeht). In großen Fächern ist der Gruppen- und
Anpassungsdruck automatisch höher; wer, um beim Beispiel
des Faches Philosophie zu bleiben, die hemmungslos über-
triebene Konjunktur zweitklassiger analytischer Philosophie,
die seltsam zwischen Trivialitäten und Sophismen hin und
her schwankt, nicht mitmachte, hatte es in den letzten Jahrzehnten schwer. Es gibt in großen geisteswissenschaftlichen
Fächern auch einfach mehr um Stellen konkurrierende Kollegen, die mit lebhaftem Applaus rechnen können, wenn sie
neue, irritierende und produktive Gedanken zurückpfeifen
und die Köpfe, in denen diese entwickelt werden, streng zu-
rechtrücken.

Solche Selbstblockaden der Geisteswissenschaften haben
eine lange Tradition. Abwehrschlachten gegen originelle bis
zumutungsreiche Gedanken und Theorien sind in ihren Gefilden noch gereizter geführt worden als in dem der Naturwissenschaften. Zu den legendären und machtgeschützten
Einsprüchen und Angriffen gegen Galilei und Einstein gibt
es zahlreiche geisteswissenschaftliche Parallelaktionen. Sie
sind häufig noch militanter und verbitterter ausgefallen. Man
braucht nur an die selbst Restbestände bürgerlicher Höflich-
keitsregeln verwerfende Vernichtungspolemik von Ulrich
von Wilamowitz-Möllendorff (1848–1931) gegen Nietzsche
zu denken, um das zu illustrieren. Eine Polemik, die aus dem
neunzehnten Jahrhundert und nicht aus den mordlustigen
Zeiten der Borgia-Renaissance stammt, eine Abrechnung,
die nicht von irgend jemand, sondern aus der Feder eines,
wenn nicht des besten damaligen Vertreters seines Faches
klassische Philologie stammt, dem damals eine Leitfunktion
zukam. In seiner 1872 erschienenen Schrift *Zukunftsphilolo-*

gie! heißt es über Nietzsches Buch *Die Geburt der Tragödie aus dem Geist der Musik* unter anderem:

»in der tat liegt der hauptanstoß des buches in ton und tendenz. herr Nietzsche tritt ja nicht als wissenschaftlicher forscher auf: auf dem wege der intuition erlangte weisheit wird teils im kanzelstil, teils in einem raisonnement dargeboten, welches dem journalisten, dem ›papiernen sclaven des tages‹ nur zu verwandt ist. hr. N. verkündet als epopt seines gottes wunder, getane und zukünftige: den gläubigen ›freunden‹ ohne zweifel höchst erbaulich. (…) ich will auch mit dem metaphysiker und apostel N. nichts zu tun haben. wäre er nur das, ich würde schwerlich als ›neuer Lykurgos‹ gegen den dionysischen propheten aufgetreten sein … hr. N. ist aber auch professor der classischen philologie, behandelt eine reihe der wichtigsten fragen der griechischen literaturgeschichte (…) und leicht ist der beweis, daß auch hier erträumte genialität und frechheit in der aufstellung von behauptungen genau im verhältnis steht zu unwissenheit und mangel an wahrheitsliebe. (…) freilich, ich bin eben kein mystischer, kein tragischer mensch, mir wird es immer nur ›ein lustiges nebenbei, ein recht wol zu missendes schellengeklingel am ernst des daseins‹, auch am ernst der wissenschaft sein können: eines berauschten traum oder eines träumers rausch. eins aber fordere ich: halte hr. N. wort, ergreife er den thyrsos, ziehe er von Indien nach Griechenland, aber steige er herab vom katheder, auf welchem er wissenschaft lehren soll; sammle er tiger und panther zu seinen knieen, aber nicht Deutschlands philologische jugend, die in askese selbstverläugnender arbeit lernen soll.«[37]

Das ist zweifellos süffig formuliert, da hat einer mal kräftig ausgeteilt, wissend, auf welch lebhaften Applaus aus dem akademischen *juste milieu* er rechnen darf. Wirklich feinen konservativen Köpfen war dieser Ausfall denn aber doch aus nachvollziehbaren Gründen zu plebejisch, und selbst seinem Verfasser war er später ein wenig peinlich. Der reife und berühmte Altphilologe rechtfertigt jedoch noch Jahrzehnte später in seinem Lebensrückblick seine frühen Tiefschläge mit Worten, die einen tiefen Einblick in den Affekthaushalt einiger Professoren gewähren, die konservativ(e) Standards gegen Außenseiter verteidigen. Wilamowitz ringt sich zwar zur Selbstkritik etwa an der »fratzenhaften« Kleinschreibung, an der »abgeschmackten Orthographie, in die ich mich von Jakob Grimm ausgehend verrannt hatte«, durch und bestätigt sich, daß er trotz all des »Knabenhaften«, das in seiner Schrift steckte, doch »mit dem Endergebnis ... ins Schwarze« getroffen und Nietzsche zum Rückzug aus universitären Gefilden getrieben habe.

> »Nietzsche hatte meinen moralischen Ingrimm durch einen frechen Ausfall auf Otto Jahn besonders erregt. Überhaupt schien mir alles herabgewürdigt, was ich von Pforta (dem Elite-Gymnasium, das sowohl Nietzsche als auch Wilamowitz besucht hatten, J.H.) als etwas unantastbar Heiliges mitgenommen hatte. (...) Nietzsche hatte für etwas Besonderes, wenn auch Absonderliches gegolten, zu dem wir wenig Jüngeren emporsahen. Nicht ganz ohne Einschränkung; es hieß, daß Paul Deussen dem Autoritätsfreunde, was Nietzsche ihm geblieben ist, von seinem Griechisch, in dem er alle anderen schlug, aber vor allem seiner Mathematik abgeben mußte, für die jener notorisch unempfänglich war. Er war Ritschl von Bonn nach Leipzig

gefolgt (daher der Angriff auf Jahn), und bekam durch diesen die Basler Professur und den Ehrendoktor. Ich begreife nicht, wie jemand diesen Nepotismus entschuldigen kann, eine unerhörte Bevorzugung eines Anfängers.«[38]

Man braucht kein großer Psychologe zu sein, um in diesem und nicht nur in diesem Passus mehr als nur Ansätze einer recht banalen, buchstäblich in Schulkonstellationen gründenden Konkurrenzpsychologie zu erkennen. Im Schulstreit der klassischen Philologen des endenden neunzehnten Jahrhunderts zwischen Berlin, Leipzig und Basel setzten sich die Schulstreitigkeiten aus dem Elitegymnasium Schulpforta fort. Über die Thesen und Theorien der damaligen Baseler Außenseiter Friedrich Nietzsche, Jacob Burckhardt und Johann Jacob Bachofen diskutiert man aus besten Gründen noch heute – auch jenseits der Grenzen, die die klassische Philologie einst zog und in denen sie nun eingesperrt ist.

Wilamowitz-Möllendorff ist in Kreisen der klassischen Philologie bis heute ein hochgeachteter Name, Nietzsche ist hingegen über die Grenzen seines alten Faches hinaus nicht ganz unbekannt geblieben. Außenseiter in ebendem Maße abzuwehren, wie ihre Überlegungen irritierend, überzeugend und argumentativ konsistent sind – das ist seit jeher ein Hauptgeschäft vieler und gerade auch geisteswissenschaftlicher Campus-Bewohner, die sich und der Alma mater damit selbst ein Bein stellen. Die meisten von ihnen wollen später nur ungern daran erinnert werden, wie militant und institutionell erfolgreich sie gegen die Thesen und Theorien von Köpfen wie Sigmund Freud, Walter Benjamin oder Jacques Derrida, die nie auf Lehrstühle kamen, polemisiert haben. Um das Problem beispielhaft in der nötigen, der Universität gut anstehenden selbstkritischen Konkretion zu benennen:

beim denkwürdigen Streit im Jahre 1984 um die Freiburger Habilitation des mittlerweile berühmten Medientheoretikers Friedrich Kittler gab es nicht weniger als dreizehn Gutachter. Die meisten der Gutachter mit Negativvoten möchten heute nicht mehr gerne an diese erinnert werden. Gerade innovative akademische Qualifikations-Arbeiten sind häufig auf geballte Abwehr gestoßen. Auch heute kann man sich bei einigen Literaturwissenschaftlern nicht immer des Eindrucks erwehren, daß sie gerade diesen Beruf ergriffen haben, weil sie sich an der schönen Literatur rächen wollen für all das, was sie konventionellen Gemütern und Geistern neu zu denken und zu deuten aufgibt. Sie praktizieren, begreifen aber nicht das Geschäft der Interpretation als Rache für die Irritationen, die sie bei der Lektüre großer Werke erfahren mußten.

Dennoch gilt: zu den Erkenntnis-Gewinnen der jüngeren Geisteswissenschaften hat sicherlich beigetragen, daß sie ihre gutgepflegten Selbstblockaden zumindest teilweise aufgegeben haben. Das hängt nicht nur mit höherer Einsicht, sondern auch mit unvermeidlichen Lerneffekten zusammen. Aus vielen angefeindeten oder in jedem Sinne exilierten ehemaligen Außenseitern ihrer Fächer (wie Ferdinand de Saussure, Georg Simmel, Aby Warburg, Walter Benjamin, Peter Szondi) sind Orientierungsgrößen geworden, denen bemerkenswerte Innovationsschübe zu verdanken sind. Zu den melancholisch stimmenden Implikationen dieser heiteren Feststellung gehört der Hinweis, daß der dramatische Fortschritt der Geisteswissenschaften in eine Zeit fällt, in der sie es inneruniversitär immens schwer haben und in der die Universität selbst eine ihrer traditionellen Funktionen weitgehend verloren hat: nämlich eine über die Campus-Mauern hinaus impulsgebende Institution zu sein.

6.
Die Macht der Medien und die Ohnmacht
der Universität

In der *Zeit* vom 21. Oktober 2004 schrieb Martin Spiewak unter dem Titel »Würdelos – Die Universität muß sich selbst wieder ernst nehmen«: »Dreimal begegneten sich US-Präsident George Bush und Herausforderer John Kerry zu einem Fernsehduell. Dreimal war der Schauplatz eine Universität. Was in den Vereinigten Staaten Tradition hat, ist in Deutschland undenkbar. Anders als in den USA, in England oder Frankreich haben die deutschen Hochschulen ihre Bedeutung als intellektuelle Zentren des Landes längst verloren. Sie sind weder ein wichtiges Forum für politische Debatten noch ein relevanter Schauplatz gesellschaftlicher Wirklichkeit. Harvard, Oxford oder die Sorbonne dienen immer wieder als Bühne großer Bücher oder Filme. Der einzige bekannte deutsche Hochschulroman heißt *Der Campus* und ist bezeichnenderweise eine Groteske über den verlotterten Zustand der Universität. Ansonsten hängt der akademischen Welt bei uns das Image an, langweilig, mittelmäßig und irgendwie charakterlos zu sein.«

Klare und zutreffende Worte, denen wenig hinzuzufügen ist. Die deutsche Universität hat fraglos an Ansehen, Würde, Macht und Einfluß verloren. Die Vorstellung, Angela Merkel und Gerhard Schröder hätten sich, womöglich unter der Moderation eines medienkompatiblen Politologie-Professors in der Alten Aula der Heidelberger Universität und im Senatssaal der Berliner Humboldt-Universität zu einem Kandidaten-Duell um das Bundeskanzleramt getroffen, mutet geradezu exotisch an. Selbstredend trafen sich die Kandidaten in TV-Studios; Rücksicht nehmen mußten sie dabei auf die Befindlichkeiten konkurrierender öffentlich-rechtlicher und privater Medienanstalten, nicht aber auf das Selbstbewußtsein einer gastgebenden Alma mater. Dennoch hat bekanntlich Universitäres in den letzten Bundestagswahlkampf hineingespielt. Sprichwörtlich wurde der von Bundeskanzler Schröder immer neu und stets erfolgreich apostrophierte und ironisierte »Professor aus Heidelberg«, der einen bemerkenswert schlüssigen Vorschlag zur Vereinfachung des nun wirklich lachhaften deutschen Steuerrechts gemacht hatte.

Vorbei sind umgekehrt und mit dem »Fall Kirchhof« wohl bis auf weiteres auch die Zeiten, in denen es für Professoren attraktiv war, zeitweise den vielbeschworenen Elfenbeinturm zu verlassen und in die Politik zu gehen. Im und um das Kabinett von Willy Brandt tummelten sich Professoren wie Ehmke, Maihofer, Schiller, Dahrendorf und Steinbuch; Kurt Biedenkopf und Hans Maier standen dafür ein, daß nicht nur im linksliberalen, sondern auch im sogenannten bürgerlich-konservativen Milieu zumindest zwei Professoren mittlere Machtpositionen einnehmen konnten, bevor sie von Politikern wie Bundeskanzler Kohl ausgebremst wurden. Seitdem aber hat neben der universitären auch die Sphäre der Politik einen erheblichen Renommee- und Funktions-Verlust erlitten. Vieles spricht dafür, auch wenn solche Äußerungen gänzlich unpopulär sind, daß die deutsche Öffentlichkeit mit ihren zumeist mäßig bezahlten Politikern allzu streng umgeht und den Beruf des Politikers so unattraktiv macht, daß kluge und ehrgeizige Köpfe ihn kaum mehr anstreben. Doch das ist nicht das Thema dieses Essays.[39] Er gilt der ungeliebten, unattraktiv gewordenen, verwalteten, unterausgestatteten, formalisierten Universität, die alles, nur eben dies nicht mehr ist: eine Alma mater.

Zu den größeren Kränkungen ihrer wohlbestallten Professoren gehört es, daß sie die mangelnde Universitäts-Liebe jüngerer Nachwuchskräfte zu spüren bekommen. Und zwar auf vertrackt deutliche Weise, nämlich in Form ausbleibender ödipaler Kämpfe. Sie machen eine tief irritierende Erfahrung, die nur noch wenige Ausnahmen kennt: kein wirklich guter junger Kopf will mich mehr verdrängen und das besser tun, was ich mache; kein Hochbegabter will mehr die Lehrkanzel erobern, um von dort aus die Wahrheit und nichts als die lautere, unbedingte Wahrheit zu verkünden. Eine abgründige Erfahrung. Denn über lange Zeit hinweg galt: Brillante Köpfe, so die große und nicht nur illusionäre Erzählung der Universität, wollten Lehrstühle erobern. Wer begabt, leistungsbereit und intellektuell unabhängig war, wer auf sich und seine Denkmotive hielt und nicht nur auf Macht und Geld schielte, wollte Professor werden. Heute häufen sich hingegen unter Professorenkollegen, die noch offen vertrauliche Gespräche führen, Geschichten von den Körben, die sie selbst in Zeiten heikler Arbeitsmarktverhältnisse bekommen haben, wenn sie einem Nachwuchswissenschaftler eine der raren freien Assistentenstellen angeboten haben.

Man erfährt dann zumeist Dank für das nette Angebot, und man erfährt die Gründe für die Ablehnung. Die sind erst einmal profaner Natur: in anderen Berufsfeldern kann ein junger Mediziner, ein brillanter Jurist, ein begabter Informatiker, ein leidenschaftlich forschender Biogenetiker oder ein virtuoser Musik-, Literatur- oder Kunstkenner deutlich besser verdienen. Aber auch sonst haben Privatkliniken, Werbeagenturen, Galerien, Anwaltspraxen, Zeitschriftenredaktionen und Medienanstalten akademischen Berufsanfängern

mehr zu bieten als die Universitäten, nämlich bei hoher Qualifikation und Leistungsbereitschaft vergleichsweise gute Aus-
sichten auf eine kontinuierliche Karriere. Und eben dies
ist an Universitäten nicht der Fall. Man vergißt beim gängigen und auch einleuchtenden Spott über die Privilegien beamteter Hochschullehrer häufig das enorme, so ganz und gar
nicht dem Klischee vom öffentlichen Dienst entsprechende
Risiko, das junge Köpfe eingehen, wenn sie sich für eine wissenschaftliche Laufbahn entscheiden.

Das durchschnittliche Alter derer, die ein »Ruf« auf eine
unbefristete Professur ereilt, liegt in Deutschland bekanntlich bei Mitte, häufig Ende Vierzig oder gar Anfang Fünfzig.
Und die Bewerberzahl bei vakanten Professuren in großen
Fächern (wie Germanistik, Politik, Soziologie) liegt zumeist
im dreistelligen Bereich. Wer nach Promotion, Habilitation,
Assistenten- und Privatdozentenjahren nicht wegen man-
gelnder Qualifikation, sondern wegen der außerordentlich
schlechten Arbeitsmarktlage an Universitäten scheitert (und
das sind sehr viele!), hat aufgrund seines Lebensalters und
seiner Überqualifikation kaum mehr eine Möglichkeit zum
Berufswechsel. Er oder sie wird schnell zum tragischen oder,
wenn partnerschaftlich alimentiert, zum spöttisch bemitlei-
deten Fall. Gymnasien brauchen als Lehrer keine habilitier-
ten Endvierziger, die Spezialisten für Syntaxtheorie sind;
Werbeagenturen können mit Grauhaarigen oder Glatzköpfi-
gen wenig anfangen, die unter anderem über Namen- und
Zahlenspiele in Goethes Romanen geforscht haben; Medienanstalten wissen nicht, wie sie einen alternden Systemtheore-
tiker beschäftigen sollen.

Und so entscheiden sich viele der Hochbegabten, die früher eine Universitätskarriere angestrebt hätten, heute wenn
nicht gegen die Wissenschaften, so doch gegen die Univer-

sität. Aber nicht nur aus den genannten ebenso profanen wie schlagenden Gründen. Sondern auch deshalb, weil die Universität nicht mehr »sexy« ist. Selbst wer noch eine dauerhafte Professur erringt, muß mit dem rasanten Bedeutungsverlust der Universität zurechtkommen. Für die naturwissenschaftlichen und technischen Fächer liegt dieser Bedeutungsverlust auf der Hand. Die Grundlagenforschung ist zu großen Teilen aus der Universität ausgewandert. Große und auch kleine Start-up-Firmen bieten nicht nur in finanzieller Hinsicht häufig attraktivere Forschungsmöglichkeiten als die Universität. Doch auch für die erfolgreichen Absolventen geisteswissenschaftlicher Fächer gilt der Satz vom dramatischen Attraktivitätsverlust der Universität.

Man übersieht angesichts der gängigen Rede vom philosophisch promovierten Taxi-Fahrer mit schwer zu entschuldigender Regelmäßigkeit, wie gut bis brillant selbst in angespanntesten Arbeitsmarktzeiten die Berufsaussichten für begabte und gebildete Geisteswissenschaftler sind. Um das ohne Angst vor *name dropping* zu illustrieren: es gibt zweifellos Fächer mit höherem Prestige und besseren Karriere-Perspektiven als die Germanistik. Ihren Absolventen traut man allenfalls die im übrigen notorisch unterschätzte A13-Laufbahn des Studienrats zu, der nach wie vor viele prä- bis postpubertäre Biographien intellektuell prägt. Nun braucht man aber nur den Blick auf heutige Prominente fallen zu lassen, um fast für Verschwörungstheorien anfällig zu werden – überall Germanisten! Ein Germanist wie Hans Eichel kann Finanzminister werden, ein Germanist wie Wolfgang Thierse wird Bundestagspräsident; der Mit-Herausgeber der *Frankfurter Allgemeinen Zeitung*, Frank Schirrmacher, ist promovierter Germanist; die weltkundige Moderatorin der ZDF-Nachrichtensendung ›heute‹ Petra Gerster ist Germanistin; wer den weiteren TV-Abend kulturorientiert verbringen möchte und die feine 3sat-Sendung ›Kulturzeit‹ genießt, wird dort auf den kundigen Moderator Gerd Scobel und also auf einen Germanisten treffen; wer sich hingegen mit ›Wetten, daß …?‹ amüsieren will, muß sich vom Germanisten Thomas Gottschalk bespaßen lassen; wer lieber in der Wochenzeitung *Die Zeit* blättert, kann dort gescheiten Germanistenzeilen zum Beispiel von Dr. Hubert Winkels nicht entgehen; die Monatszeitschrift *Merkur* wird vom Germanistikprofessor Karl-Heinz Bohrer herausgegeben; einige, wie die Rilke-Expertin Gertrud Höhler, haben sich sogar in die Vorstandsetagen großer Unternehmen verirrt und sind danach zu vielgefragten Universalberatern geworden; Verlage, Werbeagenturen, Betriebszeitschriften, Pressesprecherbüros, Theaterprogramme und Drehbuchskripte zeugen von der Omnipräsenz der Germanisten.

Und sie zeugen davon, daß die Universität ihre impulsgebende Funktion um die Jahrtausendwende weitgehend verloren hat. Anspruchsvollere öffentliche Debatten waren über Jahrhunderte hinweg von universitären Köpfen ausgelöst und bestimmt. Dabei hatte sich eine nicht sonderlich originelle, aber doch verläßliche Rollenverteilung bewährt. Die Alma mater konnte und mußte, je moderner sie wurde, desto entschiedener, auf Innovation setzen. Ihre Leitfrage war, ob das, was man/frau (ob der Mann auf der Straße oder der Souverän, ein Priester oder ein Handwerker, ein Fachvertreter oder eine weise Frau) bislang denn so sage und denke, auch tatsächlich zutreffe. Die Mutter Kirche konnte dann dafür sorgen, daß diese Innovationen nicht allzu ruchbar wurden, wenn sie Gefilde streiften, die aus kirchlicher Sicht ruchlos waren. Ihre Leitantwort war, daß über die letzten Dinge, die eigentlich zählten, die universitäre Wissenschaft nichts wissen könne, wohl aber die Kirche. Was wiederum die Universität zu weiteren Nachfragen motivierte. Und so entspann sich ein nicht endendes, mitunter sehr ernstes und blutiges, mitunter (siehe Goethes *Faust*) sehr geistreiches Spiel, in dem die Universität stets die Initiativ-Funktion einnahm.

Kein Geringerer als Eichendorff hat diese Funktion der Universität scharf und, als frommer Katholik, mit einigem Schauder auf den Punkt gebracht.

»Das vorige Jahrhundert (also das achtzehnte, J.H.) wird mit Recht als das Zeitalter der Geisterrevolution bezeichnet. Allein damals wurden nur erst Parole und Feldgeschrei ausgeteilt, es war nur der erste Ausbruch des großen Kampfes, der sich unter wechselnden Evolutionen an das neunzehnte Jahrhundert vererbt hat, und noch bis heute nicht ausgefochten ist. Die deutschen Universitäten aber sind die Werbeplätze und Übungslager dieses von Generation zu Generation sich erneuernden Kriegsheeres. Von Wittenberg ging einst die Reformation aus, von Halle die Wolfsche Lehre, von Königsberg die Kantsche, von Jena die Fichtesche und Schellingsche Philosophie; lauter unsichtbare Gedankenkatastrophen, die einen wesentlichen und entscheidenderen Einfluß auf das Gesamtleben ausgeübt haben, als sich die Staatskünstler träumen ließen.«[40]

Das ist ein Wort: unabhängig davon, wie man das Wort ›Katastrophe‹ versteht, ob nur als Negativereignis oder auch (dramenkundig!) als entscheidende Wende zum Besseren, gilt für den analytischen Romantiker, daß die universitär induzierten Gedanken es sind, »die einen wesentlichen und entscheidenderen Einfluß auf das Gesamtleben ausgeübt haben, als sich die Staatskünstler träumen ließen.«

Epochale Großdebatten, aber auch kleinere Scharmützel, die öffentliches Interesse fanden, gingen auf universitäre Impulse zurück. Ob der Nominalismus oder der Realismus recht habe, ob der allmächtige Gott in der Lage sein müsse, einen Stein zu erschaffen, der so schwer sei, daß er ihn nicht tragen könne, ob diese oder jene geschichtsträchtige Urkunde gefälscht sei, ob das geozentrische oder aber das heliozentrische Weltbild erklärungskräftiger sei, ob der ehrwürdige ontologische Gottesbeweis argumentativ stimmig sei, ob das griechische Drama aus dem Geist der Musik entstanden sei, ob es vor dem Patriarchat ein Matriarchat gegeben habe, ob die Psychoanalyse mit guten Gründen Anspruch auf Wissenschaftlichkeit erheben könne, welche Texte in den Kanon der Weltliteratur gehören, ob Deutschlands Griff nach der Weltmacht die Hauptverantwortung für den ersten Weltkrieg trage, ob ein Verlust der Mitte zu beklagen sei, ob Deutschland eine verspätete Nation sei, ob der Mensch als instinktentbundenes Mängelwesen verstanden werden müsse, wohin die Bundesrepublik treibe, ob Seinsvergessenheit das Schicksal der Moderne sei, ob der Positivismus in der Soziologie angezeigt sei, ob Medien die Botschaft seien – diese und viele Fragen mehr wurden innerhalb der Universität diskutiert, übersprangen aber die Mauern des Campus. Die Universität war mit bemerkenswerter Regelmäßigkeit der Impulsgeber für wichtige öffentliche Debatten. Professoren kam dabei eine Autorität zu, die nicht nur im nachhinein zu Ironisierungen geradezu einlädt. Wer heute Aufzeichnungen von Radio-Gesprächen aus den Fünfziger- und Sechzigerjahren des zwanzigsten Jahrhunderts mit deutschen Professoren hört, kommt aus dem Staunen und Lachen über soviel submissiven Respekt von Redakteuren gegenüber Ordinarien kaum heraus.

Die Universität und nicht »die Medien« bestimmten bis in die Siebzigerjahre hinein die öffentliche Diskussionslage. Man mag die Studentenunruhen und die Jahre um und nach 1968 unterschiedlich bewerten und beobachten, ein Aspekt aber ist unübersehbar: die Universität stand damals (weltweit: in Paris, Prag, Tokio, Berkeley, Berlin, Mexico-City) im umkämpften Mittelpunkt der allgemeinen Aufmerksamkeit – und sie organisierte und strukturierte ihrerseits die knappe Ressource Aufmerksamkeit. Allen, seien es alternativ-ehrwürdige, seien es noch so randständige oder militante Gruppen, lag daran, universitär nobilitiert zu werden. Marx und Freud an die Uni, lautete die Forderung von Studenten, denen offenbar wichtig war, was da gelehrt wurde; soziologische Seminare sollten in Rosa-Luxemburg-Institut und germanistische in Walter-Benjamin-Institut umbenannt werden. Der *Spiegel*-Herausgeber Rudolf Augstein kam ins Audimax, Ralf Dahrendorf diskutierte auf dem Campus medienwirksam mit Rudi Dutschke, und die Medien waren auch dabei, wenn ein Professor aus Berkeley namens Herbert Marcuse vor Tausenden von Studenten mit einem an Schiller geschulten Pathos seine Bilder einer befreiten Gesellschaft und eines gelungenen Spielerlebens entwarf. Traurige Professorenprosa wie die schwer lesbare von Adorno taugte als Stichwortgeber nicht nur für die akademischen Massen. Wer die Achtundsechziger-»Bewegung« nur unter dem Schema Massenmedien (*Bild*-Zeitung) vs. Intellektuelle und Universität wahrnimmt, übersieht, wie groß die mediale Präsenz der Universität war und wie sehr noch die *Bild*-Zeitung sich auf die Themen einlassen mußte, die akademisch vorgegeben wurden. Die Universität machte den Medien vor, was *agenda setting* heißt.

Das ist auch deshalb bemerkenswert, weil die Universität um 1968 trotz ihrer Selbststilisierung als Avantgarde, die zur Sprache bringt, was ansonsten verdrängt wurde, eine durch und durch anachronistische Institution war. Das gilt nicht nur im Hinblick auf ihre halbfeudale interne Organisation – »unter den Talaren / Muff von tausend Jahren« skandierten die erregten Studenten, die nicht zulassen wollten, daß die von ihnen heißgeliebte Alma mater sich auf falsche Allianzen mit Politik und Kapital einließ. Das gilt vor allem auch in diskurs- und medientechnischer Hinsicht. Man beobachtet und kommentiert nur selten, wie resistent sich die Universität lange Zeit nicht nur gegenüber dem Fach Medienwissenschaft, sondern insgesamt gegenüber neuer Medientechnik zeigte. Dabei liegt die anachronistische Medienverfassung der Universität vor Augen und Ohren: die societas magistrorum et discipulorum wird zu einer Körperschaft nur dadurch, daß ihre Angehörigen gemeinsam lesen, aufeinander hören und manchmal (Seminar!) miteinander sprechen, also altehrwürdige, gegen Geräte wie Radio und Fernsehen, Beamer und Computer, DVD und Internet resistente Kultur- und Medientechniken praktizieren.

Diesen stolzen und befremdenden medialen Anachronismus der Alma mater hat Friedrich Nietzsche in seinen Baseler Vorträgen *Über die Zukunft unserer Bildungsanstalten* eindringlich, nämlich mit ethnologischem Blick beschrieben und es dabei nicht versäumt, auf die maternalen Qualitäten der klassischen Universität hinzuweisen – spricht er doch von der »Nabelschnur«, die den Studenten mit seiner Alma mater verbindet.

»Wenn ein Ausländer unser Universitätswesen kennenlernen will, so fragt er zuerst mit Nachdruck: ›Wie hängt bei euch der Student mit der Universität zusammen?‹ Wir antworten: ›Durch das Ohr, als Hörer.‹ Der Ausländer erstaunt. ›Nur durch das Ohr?‹ fragt er nochmals. ›Nur durch das Ohr‹, antworten wir nochmals. Der Student hört. Wenn er spricht, wenn er sieht, wenn er gesellig ist, wenn er Künste treibt, kurz, wenn er lebt, ist er selbständig, das heißt unabhängig von der Bildungsanstalt. Sehr häufig schreibt der Student zugleich, während er hört. Dies sind die Momente, in denen er an der Nabelschnur der Universität hängt. Er kann sich wählen, was er hören will, er braucht nicht zu glauben, was er hört, er kann das Ohr schließen, wenn er nicht hören mag. Dies ist die ›akroamatische‹ Lehrmethode. / Der Lehrer aber spricht zu diesen hörenden Studenten. Was er sonst denkt und tut, ist durch eine ungeheure Kluft von der Wahrnehmung des Studenten abgeschieden. Häufig liest der Professor, während er spricht. Im allgemeinen will er möglichst viele solche Hörer haben, in der Not begnügt er sich mit wenigen, fast nie mit einem. Ein redender Mund und sehr viele Ohren, mit halb soviel schreibenden Händen – das ist der äußerliche akademische Apparat, das ist die in Tätigkeit gesetzte Bildungsmaschine der Universität. Im übrigen ist der Inhaber dieses Mundes von den Besitzern der vielen Ohren getrennt und unabhängig: und diese doppelte Selbständigkeit preist man mit Hochgefühl als ›akademische Freiheit‹. Übrigens kann der eine – um diese Freiheit noch zu erhöhen – ungefähr reden, was er will, der andre ungefähr hören, was er will: nur daß hinter beiden Gruppen in bescheidener Entfernung der Staat mit einer gewissen gespannten Aufmerksamkeit steht, um von Zeit zu Zeit daran zu erinnern, daß er Zweck, Ziel und Inbegriff der sonderbaren Sprech- und Hörprozedur sei.«

Das ist zweifellos eine süffige und hintersinnige Beschreibung des traditionellen universitären Medien- und Diskurssystems bzw. der »in Tätigkeit gesetzten Bildungsmaschine der Universität«. Sie setzt auf eine doppelte Freiheit: Dozenten können reden, was sie wollen; Studenten können hören, was und bei wem sie wollen. Die – um Achtundsechziger-Jargon zu bemühen – ideologiekritische Pointe dieser Analyse der akademischen Freiheit und der medientechnischen Unzeitgemäßheit der universitären Bildungsmaschine ist unübersehbar und aller Aufmerksamkeit wert: der Staat ist »Zweck, Ziel und Inbegriff der sonderbaren Sprech- und Hörprozedur«. Die akademische Freiheit dient der Produktion deutscher Beamter, die freiwillig und mit Überzeugung tun, was der Staat will. Sie gelangen zum Beispiel als Richter, Landräte, Staatssekretäre, Offiziere, Postinspektoren, Reichsbahnverwalter, Steuerbeamte, Professoren, Studienräte, Pfarrer und Klinikärzte in die Positionen, in denen man im Namen einer höheren Instanz etwas zu sagen hat.

Seitdem ausgerechnet konservative Regierungen dafür gesorgt haben, daß »der Staat« sich auf breiter Front zurückzieht und machtvolle Sektoren wie Luftfahrt und Bahnverkehr, Telekommunikation und Medien, Altersversorgung und Sicherheit privatisiert, ist Nietzsches ethnologische Analyse der universitären Bildungsmaschine nur noch zum Teil gültig. Der Staat ist nicht länger mehr »Zweck, Ziel und Inbegriff der sonderbaren Sprech- und Hörprozedur«, die da Universität heißt. Er hat vielmehr ein Interesse daran, die allzu vielen und allzu teuren Beamten loszuwerden, eigene Kompetenzen abzutreten und sich systematisch aus möglichst vielen Sektoren (von der Müllentsorgung bis zur an *private-security*-Dienste abzutretenden Sicherheitsversorgung) zurückzuziehen. Das hat auch Auswirkungen auf das Universitätssystem. Es wird, wie zuvor das Mediensystem und wie zuvor schon in den angelsächsischen Ländern, dual. Was handfest heißt: es gibt nicht mehr nur staatliche, sondern mehr und mehr stattliche Privatuniversitäten. Von Nord bis Süd machen unter anderem die Hamburger Bucerius Law-School, die International University of Bremen, die Universität Witten-Herdecke oder die Universität in Sankt Gallen von sich reden. Privat finanzierte und organisierte Universitäten aber stellen Gebilde dar, die aus der Perspektive der klassischen Humboldt-Universität schlicht ein Oxymoron, ein Widerspruch in sich sind. Soll die Universität doch im Namen einer höheren als der privaten Vernunft sprechen, soll sie doch eine Inkarnation des objektiven Geistes sein.

Es hängt auch mit diesem Entstaatlichungs- und Privatisierungsschub zusammen, wenn »die Medien« in den letzten drei Jahrzehnten die impulsgebende Funktion übernommen haben, die zuvor der Universität zukam. Die Universität hat im vielfachen Sinne nicht mehr viel zu sagen. Und wenn ihre Angehörigen glauben, etwas zu sagen zu haben, und als solche wahrgenommen werden, dann deshalb, weil sie den Campus verlassen und sich zum Mißfallen, wenn nicht gar Neid der zurückgebliebenen Kollegen in Medien artikulieren. Die Universität als solche ist kein Aufmerksamkeitsattraktor mehr. Die alte Übung, die gebildeten reiferen Schichten einer Universitätsstadt in die Hörsäle zumindest von Philologen, Philosophen und (Kunst-)Historikern zu locken und damit akademisch die Themen für Stadt- und Weltgespräche vorzugeben, ist fast völlig zum Erliegen gekommen. Einzelne Ausnahmen in ehrwürdigen Universitätsstädten wie Göttingen und München bestätigten noch eine Weile die Regel, doch auch diese Ausnahmen sind in jüngerer Zeit historisch geworden. Die Universitäten schmoren heute weitgehend im eigenen Saft; sie sind gerade für die hellen und wachen Zeitgenossen häufig schlicht uninteressant geworden. Wer auch nur einen flüchtigen Blick auf die Zeitungen und Zeitschriften wirft, mit denen sich Universitäten selbst präsentieren und vermarkten wollen, muß, zumal dann, wenn dem flüchtigen ein gründlicherer Einblick folgt, Tränen der Rührung in sich aufsteigen fühlen. Denn die Botschaft der Universitätsblätter ist unübersehbar: wir können und wollen uns nicht kompetent in der Medien- und Informationsgesellschaft situieren. Jedes konfessionelle Gemeindeblatt ist mediensouveräner als die meisten offiziösen Uni-Gazetten.

Die wenigen medienpräsenten Professoren müssen sich, wie im obengeschilderten Fall der Göttinger Politologie, vom eigenen Präsidenten dem (im übrigen leicht zu entkräftenden) Verdacht aussetzen lassen, ihre Prominenz stehe im umgekehrten Verhältnis zu ihrem Prestige in der Fachdisziplin. Hier gilt der traurige Witz vom intellektuellen, poetischen oder künstlerischen Kopf, der da beim Umtrunk mit Kollegen melancholisch sagt: Habe mich konsequent den Medien verweigert, hat nur keiner wahrgenommen. Im Hinblick auf die Universität heißt das: die zur Hochschule gewordene Alma mater hat nicht einmal mehr den Ehrgeiz, eine lebendige, die entscheidenden Stichworte und die dazugehörenden Einsichten gebende, selbstbewußte Institution zu sein. Sie hat in den letzten zehn Jahren zwar fast alles getan, um medientechnisch auf den angesagten Stand der Dinge zu kommen. Soll heißen: Beamer und Computer, VHS- und DVD-Abspielgeräte, Mikrophone und Lautsprecher finden sich mittlerweile in den meisten Hörsälen; Handygeklingel stört jede Seminarsitzung; die Studierenden kommunizieren, wie oben illustriert, mit ihren Dozenten per E-Mail; die Recherchen für studentische Arbeiten laufen weitgehend übers Internet und nicht mehr über den Gang in die Bibliothekshöhlen; und die Seminar- bzw. Examensarbeiten haben einen medientechnischen Perfektionsgrad erreicht, der reifere Semester beim Blick in ihre noch unter Schreibmaschinengeräuschen oder Kugelkopfanschlägen verfaßten Dissertationen schamrot werden läßt.

Rein medientechnisch ist die Universität heute also gut, wenn auch nicht so perfekt wie etwa Werbeagenturen, gerüstet. Dennoch ist ihr Verhältnis zu »den Medien« ein eigentümliches Mißverhältnis. Ein Grund dafür ist fast ein wenig zu offensichtlich, um in den Fokus der Aufmerksamkeit zu geraten. Aller medientechnischen Aufrüstung zum Trotz muß die Universität, wenn sie denn Restbestände ihrer Almamater-Qualitäten kultivieren will, der Anachronismus, die unzeitgemäße Körperschaft bleiben, die Nietzsche charakterisiert hat – nämlich eine, um es neudeutsch auszudrücken, auf *face-to-face-communication* beruhende Institution. Mehr als dreißigtausend Dollar Studiengebühren pro Jahr zahlen Studierende an renommierten US-Universitäten ja nicht etwa deshalb, weil sie dort endlich Zugang zu Telefonen, Computern und Internetanschlüssen bekommen, sondern weil sie etwas sehr Traditionelles begehren: kluge individuelle Gespräche in einer überschaubaren Gruppe. Die »akroamatische Lehrmethode«, die seit den Zeiten der platonischen Akademie herrscht, ist nicht nur alt, sondern auch teuer, irritierend und mit der Massen-Hochschule weitgehend inkompatibel.

Zu den erfolgreichsten und meistdiskutierten TV-Formaten der letzten Jahre und Jahrzehnte gehört bekanntlich die Talkshow. Zu ihren kaum mehr wahrgenommenen Paradoxien zählt, daß sie genau das in Szene setzt, was das Massenmedium Fernsehen wenn nicht existenzbedrohend, so doch massiv in Frage gestellt hat. Das vielbeschworene persönliche Gespräch erlebt ausgerechnet im Fernsehen sein Comeback – als das paradoxe Gespräch, an dem man nicht teilnehmen kann. Die zur Bologna-Hochschule gewordene Universität kommt langsam auf TV-Niveau. Denn auch in ihren Mauern trifft man häufig nur noch auf Karikaturen der »akroamatischen Lehrmethode«. Modularisierte und verschulte Lehrveranstaltungen, die dann als zeitgemäß gelten, wenn Studierende bei *Power Point*-Präsentationen lesen können, was sie soeben gehört haben, werden mit multiple-choice-Klausuren abgeschlossen. Für Erörterungen im überschaubaren Kreis, also für die klassische Seminarform, sind schlicht nicht genügend viele der Ressourcen vorhanden, die man heute *man-power* und politisch korrekt *woman-power* nennt. Die Attraktivität der Privat-Universitäten besteht weitgehend in ihrem Anachronismus. Sie leisten sich vergleichsweise viele Dozenten für wenige Studierende. In Witten-Herdecke, an der University of Bremen oder an der Bucerius Law-School in Hamburg finden sich Studenten ein, die das Geld, wohlhabende Eltern oder Mäzene haben, sich kleine Gesprächskreise zu leisten.

Die Universität steht und fällt mit diesem ihrem medialen Anachronismus. Sollte man ein und nur ein Kriterium angeben, das verläßlich die Alma mater von der Hochschule scheidet, so wäre es dieses: daß die Alma mater ihr feudales Recht auf Unzeitgemäßheit selbstbewußt in Anspruch nimmt, während die Hochschule angestrengt dem Stand der Dinge nachhechelt. Die Alma mater weiß, daß sie genau in dem Maße etwas zu sagen hat, in dem sie auf ihre Souveränität und Unbedingtheit setzt – auf die Unbedingtheit, die sie (wenn auch nicht immer so brillant, wie Nietzsche es vorführte) immer erneut als Paradox analysiert. Denn selbstredend weiß die Alma mater, daß sie ein Paradox ist: das Paradox eines durchschauten Unabhängigkeits-Phantasmas, das funktionieren kann. Ein Professor, der sich nicht schämt, auch Erfolgsschriftsteller und medienpräsenter Essayist zu sein, hat das Paradox der abhängigen Unbedingtheit der Universität in der nüchternen Sprache der Systemtheorie beschrieben. In seinem Essay *Der Preis der Gerechtigkeit* schreibt Bernhard Schlink:

»Die Systemtheorie kennt unter den Systemen, aus denen die Gesellschaft sich konstituiert, ein jeweils führendes. (…) Für die zweite Hälfte des 20. Jahrhunderts schreibt die Systemtheorie die führende Rolle, die lange der Politik gehört habe, der Wirtschaft zu; (…) Es zeichne sich aber ab, daß im 21. Jahrhundert die Wissenschaft die Wirtschaft in der führenden Rolle ablösen werde; sie entwickle eine größere Komplexität und stärkere Dynamik als die anderen Systeme und gebe diesen mehr und mehr die Probleme und auch die Rationalität der Problemlösungen vor. / Die gesellschaftliche Entwicklung ist anders verlaufen. Die Wissenschaft hat die Autonomie, die Voraussetzung für die Prognose ihrer wachsenden Komplexität und Dynamik war, nicht bewahren können. Zwar wurde die Selbststeuerung über Wahrheit nicht von einer Fremdsteuerung über Recht abgelöst, sie muß sich aber immer am Recht ausrichten. (…) / (…) Das wissenschaftsspezifische Kommunikations- und Steuerungsmedium Wahrheit bezieht sich erst auf die Ergebnisse, nicht schon auf die unter Umständen langen und teuren Bemühungen und verlangt gesellschaftliche Vorleistungen, die sich ebenso als Fehl- wie als gute Investitionen erweisen können. Indem die Gesellschaft die Selbststeuerung der Wissenschaft über Wahrheit durch eine Fremdsteuerung über Recht eingrenzt, die statt an die Ergebnisse an die Bemühungen anknüpft, hat sie ihre riskanten Vorleistungen zu Leistungserfolgen umdefiniert, die sich in Examens- und Promotionszahlen, Publikations- und Zitierhäufigkeiten, Hörerzustimmung, Mitarbeiterzufriedenheit, Frauenförderung und eingeworbenen Geldern berechnen lassen.«[41]

Was nichts anderes heißt als dies: die Bologna-Prozeß-Universität traut sich selbst nicht mehr über den Weg. Ihre Lust an der Datenhäufung verdeckt ihre Angst vor der Selbstanalyse. Die zur Hochschule verstümmelte Alma mater liebt sich selbst nicht mehr und ist dann darüber irritiert, daß sie nicht mehr geliebt, gehätschelt und gepflegt wird. Also bricht sie in eine hektische Betriebsamkeit, ja Hyperaktivität aus, die ihre besten Potentiale blockiert: ihre Unzeitgemäßheit, ihre enthusiastische Gelassenheit und ihre Unbedingtheit. Mit einem Wort: Die rundum erneuerte und mobil gemachte Hochschule imitiert die Hyperaktivität »der Medien« – und hat genau in dem Maße, in dem sie das tut, kaum mehr etwas zu sagen, schon gar nicht in den Medien, die die Lage bestimmen.

7.
Die Zukunft unserer akademischen Bildungsanstalten oder Grundzüge einer einfachen Universitätsreform

»Ich befehle dir, augenblicklich mich zu lieben«, sagt, singt bzw. schreit Osmin zu Blonde in Mozarts *Entführung aus dem Serail.* Der despotische Mann ist bekanntlich nicht der klügsten einer. Denn man muß kein an der Kommunikationstheorie von Paul Watzlawick geschulter Analytiker sein, um zu wissen, daß sich Liebe nicht imperativisch verordnen läßt. Auch die Aufforderung »Liebt gefälligst die Universität« oder »Uni, liebe dich zumindest augenblicklich selbst« ist nicht sehr sinnvoll. Sinnvoll aber ist ein Nachdenken darüber, ob und gegebenenfalls wie die Universität wieder zu einer Körperschaft werden kann, der zuzugehören man/frau als Student/in/Dozent/in genießen und für welchen Genuß man/frau mit guter Lehre und sinnvoller Produktivität danken möchte.

Eine zumeist an Professoren adressierte Antwort auf diese Frage zeichnet sich bereits überdeutlich ab, obwohl das nur selten öffentlich zur Kenntnis genommen wird. Gibt es doch eine klare Tendenz, die Universität in einigen ihrer Segmente nach Kräften zu refeudalisieren. In den letzten Jahren und Jahrzehnten kam es zur Gründung einer kleinen, aber sehr feinen Reihe von Instituten, die ihre Bewohner für ein, zwei Jahre, einige ihrer Bewohner gar auf Dauer der Verwirklichung des Traums der Alma mater näherbringen. Eingerichtet wurden etwa das IWM (Institut für die Wissenschaft vom Menschen) in Wien oder das Wissenschaftskolleg in Berlin nach dem Vorbild des Institute of Advanced Studies in Princeton. Wer an solchen Instituten für eine gewisse Zeit Unterschlupf findet, hat keinen Grund zur Klage. Es fällt leicht, eine solche Körperschaft zu lieben. Denn es geht dem, der ihr zugehört, so richtig gut. Von allen Lehr- und Gremienpflichten freigestellt, kann er forsch forschen, mit Kollegen diskutieren, in Ruhe lesen und ein Leben leben, für das er keine andere Rechenschaftspflicht übernehmen muß als diese kleine, feine, weitreichende, belastende: er muß mit der Erwartung umgehen, ein Werk vorzulegen, das solche Privilegien halbwegs rechtfertigt. Die Rückkehr an die baccalaureatisierte Hochschule nach ein, zwei richtig guten und lohnenden Jahren wird ihm nicht ganz leichtfallen.

Tendenzen zu einer Refeudalisierung bestimmter Universitätsgefilde sind auch sonst unübersehbar. Wer zum Beispiel zu den üblichen Gutachter- und Denkschriften-Verdächtigen gehört oder wer es schafft, einen mit Drittmitteln gut alimentierten SFB (Sonderforschungsbereich) zu leiten und dafür eine gehörige Deputatsreduktion zu erhalten, darf sich als akademischer Großherzog fühlen. Schon das immer beliebter werdende Spiel, *ranking-lists* für bestimmte Fächer und ganze Universitäten aufzustellen, erinnert an den berühmten *Gotha*, also jenen Führer durch die verzweigte Adelswelt, der Aufschluß darüber gibt, wer welchem uralten, alten oder jungen, höchsten, hohen, mittleren, niederen oder Verdienst-Adelsstand angehört. Die Universität legt ihrerseits wieder vermehrt Wert auf Distinktionen – zwischen sich und anderen Universitäten, zwischen Forschung und Lehre, zwischen Dritt- und Eigenmitteln, zwischen NC- und Nicht-NC-Studierenden, zwischen W2- und W3-Professoren. Das Wort »Elite-Universität« gewinnt in ebendem Maße seinen altneuen Reiz, in dem die BA-Studiengänge und der Bologna-

Prozeß für weltweit kompatible Einheitsstudien einstehen. Es handelt sich um eine obligatorische Gegenbewegung: so wie im Zeitalter von *virtual reality* das Reale, der Körper, die Fitneß, die Ökologie und die Natur Hochkonjunktur haben (müssen), so erlebt im Zeitalter der verschulten Massenuniversität der lange Zeit tabuisierte akademische Elite-Gedanke eine neue Hochzeit.

Natürlich bedarf es keiner Befehle, um feine, elitäre, kleine, atmosphärisch dichte, anekdotenumrankte, international vernetzte, gelassene und luxuriös ausgestattete Institute mitsamt der Arbeits- und Lebensbedingungen, die sie bieten, zu lieben – vorausgesetzt, man gehört dazu. Eliten sind überschaubar, sonst wären sie keine. Viele Indizien sprechen dafür, daß sich etwa für jeden zehnten Professor und für drei bis fünf Prozent der Jahrgänge im Studienalter wieder traditionelle Alma-mater-Strukturen herausbilden werden. Das wäre ziemlich genau die traditionelle Marge von »Studierten«, wie sie im neunzehnten und beginnenden zwanzigsten Jahrhundert üblich und relativ konstant war. Statt vierzig Prozent studieren dann ca. vier Prozent eines Jahrgangs »richtig«. Der Rest besucht Fachhoch- oder andere Hoch-Schulen. »Binnendifferenzierung« heißt das in der nüchternen Sprache der Systemtheorie. Man kann diese Entwicklung je nach politisch-kultureller, elite-affirmativer oder elite-kritischer Einstellung unterschiedlich bewerten. Was nichts daran ändert, daß sie mit hoher Wahrscheinlichkeit kommt, sie zeichnet sich ja bereits deutlich ab.

Gutes ist bekanntlich teuer. Und Prognosen, gar Prophezeiungen sind, der alten Sottise gemäß, unsicher, zumal dann, wenn sie die Zukunft betreffen. Dennoch liegt eine Prognose so nahe, daß sie schon die Grenze zur Trendanalyse überschritten hat. Es wird Studiengebühren geben. Und zwar gestaffelte. Sehr gute Universitäten bzw. solche, die glaubhaft machen können, es zu sein, werden sehr hohe Studiengebühren, mittlere mittlere und mäßige mäßige erheben. Auch in dieser Hinsicht setzt sich der Prozeß einer Amerikanisierung der deutschen Universität durch. Studiengebühren sind in Deutschland bekanntlich heiß umstritten. Absehbar ist jedoch, daß sich ihre Befürworter durchsetzen. Mit guten Gründen. Denn es ist schlechterdings nicht einzusehen, warum Bäcker, Friseure, Arbeiter, Angestellte und Handwerker denen ein Studium (teil-)finanzieren sollen, die nach dessen Abschluß deutlich bessere Einkommenschancen haben und immer noch über mehr symbolisches Kapital verfügen als Nichtakademiker. Es gibt keine plausiblen Begründungen dafür, für Kindergarten-, nicht aber für Studienplätze gutes Geld zu verlangen. Es gibt nachweislich eine starke Korrelation zwischen erfolgreichem Studienabschluß und gutem Lebens-Einkommen. Es fördert fraglos die Studienmotivation, wenn Studierende für ihr Studium Gebühren zahlen müssen. Es mag paradox klingen, aber es ist so, daß die Motivation, während des Studiums zu arbeiten, abnimmt, wenn das Studium teuer und wertvoll ist. Begehrenswert und positiv besetzbar ist nun einmal eher das Teure als das Billige.

Womit wir wiederum beim Stichwort der Liebe zur Universität sind. Reiferen Semestern fällt beim Anblick jüngerer Semester sofort auf, daß sie ihr Selbstverständnis nur noch zum Teil aus ihrer studentischen Identität herleiten. Unter anderem studieren sie auch; mindestens so wichtig wie dieser Umstand ist ihnen aber, daß sie dieser oder jener Sportart verschrieben sind, diesen oder jenen Job haben, der kaum mehr Nebenjob zu nennen ist, daß sie bei dieser oder jener Organisation aktiv sind, daß sie dieser oder jener Clique angehören, daß sie dieses oder jenes Hobby pflegen, daß sie bei diesem oder jenem Chat mitmachen. Der Mythos von der Studienzeit als der besten Lebensphase ist verblichen. Zwar werden viele ihre frühen zwanziger Jahre nach wie vor als die besten, freiesten, auf- und anregendsten Jahre ihres Lebens charakterisieren, aber eben nicht, weil sie während dieser Zeit ETCS-Punkte eingesammelt und Module absolviert, sondern weil sie sich in Menschen, Musiken, Filme, Szenen, Städte oder Länder verliebt haben. Studiengebühren und eben durchaus auch Studiengebühren, die über die derzeit diskutierten von ca. 500 Euro pro Semester hinausgehen, haben neben ihrem evidenten Funktionssinn, der Unterausstattung deutscher Universitäten ein wenig abzuhelfen, einen libidinösen Hintersinn. Wenn die Universität für das, was sie zu bieten hat, Geld verlangt, so hat sie für Studierende eine Botschaft bereit: »Ich will nur dein Bestes« – und dazu gehört in kapitalistischen Zeiten nun einmal auch das Geld.

Wertvoll ist nur das Knappe. Und natürlich ist dies der springende Punkt jeder Debatte um Studiengebühren. Eine wirkliche Alma mater darf so wenig bestechlich sein wie eine gute Mutter. Zugang zum Studium nur für Kinder aus reichen Häusern – das wäre in der Tat ein Schreckensszenario. Deshalb ist die Erhebung von ordentlichen Studiengebühren nur dann sinnvoll und guten Gewissens zu vertreten, wenn zwei rote Linien nicht überschritten werden. Die Zusatzeinnahmen müssen erstens ungeschmälert der ansonsten chronisch unterfinanzierten Universität zukommen, so daß sie tatsächlich wieder zur großzügigen und liebenswerten Alma mater werden kann. Und zweitens muß ein Stipendien- und Darlehenswesen sicherstellen, daß kein begabter und motivierter Kopf aus finanziellen Gründen nicht studiert. Nachgelagerte Studiengebühren nennt das die Bürokratensprache: wer nach einem erfolgreichen Studium gut verdient, zahlt die als Darlehen gewährten Studiengebühren moderat verzinst zurück. Es wäre ungeschickt, weil politische Widerstände aus wohlhabenden Kreisen provozierend, wenn man dieses Modell beim Namen nennen würde: läuft es doch auf eine zeitlich begrenzte Steuererhöhung für gutverdienende Akademiker hinaus. Nennen wir es also weiterhin »Einführung von Studiengebühren«.

Die deutschen Universitäten kranken an Unterausstattung bzw. »Überlasten«. Nicht nur Kollegen von guten amerikanischen Universitäten, die sich an deutschen Universitäten umschauen, kommen aus dem Staunen kaum heraus, wenn sie sehen, wieviel Teilnehmer ein Seminar in einem Massenfach wie BWL, Jura oder Germanistik hat, wie hoch das Lehrdeputat ihrer deutschen Kollegen ist, wieviel Examina sie abzunehmen haben und wie hoch ihre Belastung mit Gremienarbeit ist. Selbstredend staunen sie und mehr noch amerikanische Studenten, die ein Studienjahr in Deutschland verbringen, auch darüber, wie wenig Zeit deutsche Dozenten für Gespräche mit ihren Studenten haben – denn das sollte doch neben der Forschung ihr Kerngeschäft sein. Studiengebühren, die den Hochschulen zugute kommen, können hier für eine einfache Abhilfe sorgen: wenn denn 90 Prozent der Studierenden bald an einer Hochschule und nicht an einer Alma mater resp. Universität studieren, dann soll es an diesen Hoch-Schulen auch genügend Lehrer, also Lernbedingungen geben, die nicht viel schlechter sind als die an deutschen Gymnasien.

Und das heißt konkret: es muß mehr Angehörige des sogenannten akademischen Mittelbaus geben (eine Empfehlung, die auch der Wissenschaftsrat ausspricht). Wie riskant es ist, sich auf eine Universitätskarriere einzulassen, ist zumindest innerhalb der Campus-Mauern hinreichend be-

kannt (s. oben Kapitel 4). Eine Bündel-Lösung des Überlast-
problems, des Problems der zum Teil skandalös schlechten
Betreuungsverhältnisse und der allzu vielen gescheiterten
Uni-Karrieren ist naheliegend. Die österreichische Hoch-
schulpolitik und auf andere Weise das amerikanische *tenure-
track*-Verfahren (wer sich auf sogenannten *tenure-track*-Stel-
len als Forscher und Lehrer bewährt, wird nach drei bis
fünf Jahren auf Dauer eingestellt) haben eine solche Lösung
lange Zeit praktiziert. Auf deutsche Verhältnisse übertragen,
hieße das: wer sich nach seiner Promotion als akademischer
Lehrer und als Nachwuchswissenschaftler fünf bis sechs Jahre
lang erfolgreich profiliert und womöglich gar habilitiert hat,
hat einen Anspruch auf eine feste Anstellung – zu zwar men-
schenwürdigen, aber doch so mäßigen Konditionen (Besoldung wie ein Oberstudienrat, hohes Deputat), daß er die Lust
auf weitere Qualifikation und auf Fort-Bewerbungen nicht
verliert. Besser könnten Studiengebühren wohl kaum ver-
wendet werden als für die Einstellung von Nachwuchswissen-
schaftlerInnen.

Massenuniversität ist eine contradictio in adjecto. Die
Alma mater ist auf eine unzeitgemäße Form überschaubarer
Binnenkommunikation angewiesen. Dozenten, die ihre Studenten nicht kennen, und Studenten, die keine Möglichkeit
zum Gespräch mit ihren Dozenten finden, führen die Universität ad absurdum bzw. in die festen, Ausbildungsmate-
rial formierenden, Humankapital bildenden Bahnen der
Bologna-Hochschule. Zu den untrüglichen Kriterien, die
zwischen einer Alma mater und einer Hochschule zu unterscheiden erlauben, gehört es auch, daß in ersterer die Dozenten tatsächlich miteinander kommunizieren, in letzterer
kaum. Um Mißverständnisse zu vermeiden: es gibt Universitäten, die sich – wie etwa die Hochschule für Gestaltung in

Karlsruhe – als »Hochschule« bezeichnen, dem Ideal der Alma mater jedoch sehr viel näher kommen als Institutionen, die sich frohgemut »Universität« nennen. Wirkliche Universitäten sind auch daran zu erkennen, daß die dort Lehrenden sich kennen und sich von dem faszinieren und irritieren lassen, was die anderen erforschen und gestalten.

Eine Universität, die keinen Anspruch darauf stellen muß, geliebt zu werden, weil sie immer schon begehrt und verehrt wird, wird ein unzeitgemäßer Ort sein. Nämlich ein Ort, der Aug in Aug mit den Forderungen des Tages und den angesagten Medientechniken sich den Luxus erlauben kann, auf die Produktivität ältester Kulturtechniken zu vertrauen: auf Neugierde und auf eine Lust am Diskurs, die weiß, was dieses alte Wort (ein Lieblingswort Goethes übrigens) eigentlich meint. Nämlich nicht die Suche nach einem Konsens oder die abwegige Idee, es sei diese Suche, die mündliche und schriftliche Gespräche in Gang hält, sondern die tiefe Einsicht, daß »Diskurs« sich aus besten Sach- und nicht aus etymologischen Spiel-Gründen vom lateinischen Wort »dis-currere« herleitet. Discurrere/auseinandergehen/in verschiedene Richtungen laufen und sich genau deshalb nicht irgend etwas, sondern Entscheidendes zu sagen haben: das ist die regulative Idee des Diskurses. Wir kommunizieren, weil wir streiten. Hätten wir Konsens, so hätten wir uns weiterhin nichts zu sagen, denn wir sind uns ja einig. Selbst Liebende halten, so sie nicht von Kommunikation auf Kommunion umschalten, Konsens nicht lange aus. Denn sie wissen, daß der Konsens der Konkurs des Diskurses, der Dissens hingegen die regulative Idee des Diskurses ist. Wenn zwei sich streiten, so tun sie dasselbe: sie streiten sich.

Die Universität ist der exquisite Ort von anspruchsvollen Diskursen. Anspruchsvoll sind Diskurse, die zumindest ahnen, daß sie ohne Paradoxien nicht zu haben sind und daß es einer illuminierten, in jedem Wortsinne aufgeklärten enthusiastischen Gelassenheit bedarf, um Diskurs-Konkurse zu vermeiden. Die Idee einer homogenen, sich ihres notwendigen Überflusses erfreuenden Alma-mater-Körperschaft liegt dann vor Augen: sie federt psychodynamisch die reizvollen Zumutungen ab, die sich ergeben, wenn Köpfe so anspruchsvoll denken, daß sie bereit sein müssen, sich auf unvermeidbare Paradoxien vergleichsweise angstfrei einzulassen. Universitäten können es sich dann leisten, zu discurrieren, also den notwendigen Überfluß an produktiven Überlegungen, Thesen, Theorien und Diskursen zu liefern, der dem Alltagsverstand, den Medien, der Politik, der Verwaltung, der Wirtschaft, der Justiz und anderen gesellschaftlichen Subsystemen buchstäblich versagt ist.

Derzeit mehren sich, zaghaft genug, Indizien dafür, daß Universitäten wieder in den Umkreis dieser ihrer Körperschafts-Stärke eintreten wollen und können. Es sind Indizien, die sich schnell und mit guten Gründen ironisieren lassen, hilflos wirkende Indizien, die dennoch ein Begehren symptomatisieren, Indizien wie diese: Studierende bekennen sich stärker als in den vergangenen Jahrzehnten zu ihrer Universität, indem sie, offensichtlich über den Atlantik schielend, T-Shirts, Taschen oder Rucksäcke mit den Emblemen ihrer Alma mater tragen; es gibt wieder Abschlußfeiern für erfolgreiche Examenskandidaten, die ihre Urkunden nicht mehr per Post, sondern aus der gratulierenden Hand ihres Dekans empfangen; an vielen Universitäten sorgen Alumni- und Absolventenvereine für bleibende Kontakte zwischen ehemaligen Studenten und ihrer Alma mater; die Zahl der Universitätsfeste nimmt zu; Einrichtungen wie Graduiertenkollegs sorgen für dauerhafte Gesprächskulturen innerhalb von Studienjahrgängen; es gibt vermehrt Studium-generale-Angebote und Möglichkeiten, sich über Fächer- und Fakultätsgrenzen hinaus über den Weg zu laufen.

Die Universität hat ersichtlich den Wunsch, wieder attraktiver und in jedem Wortsinne liebenswerter, also eine Alma mater zu werden. Mit vermehrter Gremientätigkeit, ständiger Erfindung neuer Studienpläne, Modularisierung der Ausbildung, Verschulungstendenzen, Massenbetrieb, multiple-choice-Prüfungsverfahren und weiterer quantitativer wie qualitativer Verschlechterung des Dozent-Studenten-Verhältnisses wird es jedoch sicher nicht gelingen, die ungeliebte Universität wieder zur geliebten und produktiven Alma mater werden zu lassen. Wohl aber mit Initiativen zu einer sehr einfachen Universitätsreform, die allenfalls durch ihre hintersinnige Schlichtheit zu überzeugen vermögen, also mit der Verwirklichung von Vorschlägen wie diesen:

1. Alle fest angestellten Dozenten sind verpflichtet, zweimal pro Woche gemeinsam essen zu gehen. Die so leichtfüßig auf allgemeine Zustimmung stoßende Rede vom interdisziplinären Gespräch darf eben keine ritualisierte Formel werden, der im Alltagsleben einer Universität nichts entspricht. Regelmäßige Gespräche, die keiner ausdrücklichen Verabredung bedürfen, entspannen, sparen Telefonkosten, ermöglichen schnelle Problemklärungen, entschlacken den Terminkalender und regen den Geist an.

2. Es gibt eine Residenzpflicht für festangestellte Dozenten. Wer weiter als 10 km von der Universität entfernt wohnt, erhält 5 Prozent weniger Gehalt, ist sein Wohnort mehr als 25 km von seiner Wirkungsstätte entfernt, reduziert sich das Gehalt um 10 Prozent, bei mehr als 50 km Ent-

fernung um 20 Prozent. Wer in unmittelbarer Nähe zur Universität wohnt, also diese in wenigen Minuten zu Fuß oder mit dem Fahrrad erreichen kann, erhält hingegen eine zehnprozentige Zulage. Die Begründung für diese Regelung fällt auch ohne Rekurs auf ökologische Standardargumente leicht. Wenn sich die Universität als societas magistrorum et discipulorum versteht, muß es eine mal formelle, mal informelle, jedenfalls kontinuierliche akademische Geselligkeit geben. Den Gastvortrag eines brillanten Wissenschaftlers, die Einladung eines neuberufenen Kollegen und den produktiven informellen Gesprächskreis darf man nicht versäumen, weil man dreihundert Kilometer von der Universität entfernt wohnt und nur mittwochs und donnerstags lehrt.

3. Gremiensitzungen werden weitgehend abgeschafft. Denn man trifft sich ja sowieso zweimal wöchentlich oder häufiger beim Mittagessen im Faculty-Club (s. Punkt 1), wo man anstehende Probleme in der gebotenen Gelassenheit erörtern kann. Ob darüber hinaus eine Gremien- (eine Senats-, Fakultäts-, Verwaltungsrats-, Kommissions- etc.) Sitzung geboten ist, läßt sich nach einem einfachen Kriterium entscheiden. Denn solche Sitzungen können nur zwei Ziele haben: die Lehre und die Forschung zu verbessern. Aus dieser schlichten Einsicht ergibt sich zwingend das Kriterium für die Rechtfertigung von Sitzungen. Legitim sind sie nur, wenn sie plausibel versprechen, mehr Lehre- und Forschungs-Produktivität freizusetzen, als wenn die Beteiligten während der Sitzungsdauer lehren und forschen würden – als wenn zum Beispiel die 30, 50 oder 70 Köpfe während der fünf Stunden, die eine Fakultäts- oder Senatssitzung dauert, ihre Doktoranden ausführlich beraten, ihre Seminare vorbereiten oder ihre

Forschungsergebnisse sorgfältig für die Publikation vorbereiten würden.

4. Jedes Semester gibt es ein bis zwei Jour-fixe-Termine, zu dem alle Studenten und Dozenten (je nach Größe: eines Seminars, eines Instituts, einer Fakultät, einer Universität) zusammenkommen, um im Anschluß an einen brillanten Gastvortrag ein relevantes Problem zu diskutieren und es in den Lehrveranstaltungen danach weiter zu fokussieren.

5. Das sinnvolle und für die Universität schlechthin grundlegende Postulat der Freiheit von Forschung und Lehre darf ebendeshalb, weil es so fundamental ist, nicht mißbraucht werden. In Freiheit über die angemessene Analyse oder Interpretation eines Sachverhalts oder Problems streiten läßt sich nur dann, wenn man neben hochspezifischen, selbstgewählten Schwerpunkten dieselben Probleme und Sachverhalte fokussiert. Alle Disziplinen brauchen deshalb eine Kanonbildung. Es muß gerade im Interesse relevanter Kontroversen eine zumindest rudimentäre Einheit der Fächer geben. Selbstredend nicht, um gemeinsam diesen oder jenen Autor und sein Werk anzubeten oder diese oder jene Methode bzw. Theorie für die einzig wahre zu erklären. Sondern um überhaupt sinnvoll diskutieren und streiten zu können. Konkret heißt das: die Hälfte des Lehrdeputats jedes festangestellten Dozenten muß diesem die kontroverse Einheit von Disziplinen gewährleistenden Kanon gewidmet sein. Was im Umkehrschluß nichts anderes heißt als dies: bei der Hälfte der Themen seiner Lehrveranstaltungen (und bei der Themenwahl für alle seine Publikationen!) ist der Dozent völlig frei. Er darf zum Beispiel Lehrveranstaltungen anbieten über das Fischsterben in der Itter während

der Sechzigerjahre des zwanzigsten Jahrhunderts im Spiegel der Regionalliteratur oder darüber forschen, warum die griechische Antike das Yeti-Motiv politisch inkorrekt ignoriert. Bei der anderen Hälfte seines Deputats aber muß er akzeptieren, daß es so etwas wie den sinnvollen Anspruch auf gemeinsame Fokussierung der knappen Ressource Aufmerksamkeit auf gemeinsame Themen und Probleme gibt.

6. Die Ausstattung der Professuren mit Personal- und Sachmitteln richtet sich nach ihrer Auslastung und Produktivität und nicht nach dem Verhandlungsgeschick des Neuberufenen oder der Haushaltslage zum Zeitpunkt der Berufung. Für eine angemessene Verteilung der Mittel über eine nicht stets neu zu verhandelnde Grundausstattung hinaus gibt es plausible Kriterien – nämlich unter anderem die Zahl der Prüfungen, die Nachfrage der Studierenden in der Lehre, die Dichte der Publikationen, das Renommee der Publikationsorgane sowie Anzahl und Qualität der Vortragseinladungen. Wenn ein Dozent pro Semester drei, sein direkter Fach-Kollege aber dreißig Prüfungen abnimmt, wenn der eine jahrelang nicht und dann nur in einem sogenannten Autorenverlag, der andere aber in bekannten Publikumsverlagen Vielbeachtetes veröffentlicht, wenn der eine keine, der andere aber zahlreiche Einladungen an renommierte in- und ausländische Adressen erhält, dann ist es schwer zu rechtfertigen, warum der erstere über eine bessere Ausstattung verfügt als der letztere. Selbstredend gilt die Mittelzuteilung nur für eine gewisse Frist. Alle drei bis fünf Jahre soll sie je nach den Gegebenheiten neu bestimmt werden. Denn auch ein produktiver Kopf kann sich erschöpfen oder seine Lust vom Denken aufs Trinken verlagern.

7. Jeder Dozent ist zugleich über zwei Jahre Tutor für fünf bis zehn Studierende, die er mindestens einmal pro Woche trifft und berät, so wie er sich von ihnen beraten läßt. Diese Aktivität gilt als Bestandteil des Lehrdeputats.

Das Strickmuster der hier vorgeschlagenen und leicht zu verlängernden Liste von einfachen Schritten zur Reform bzw. zur buchstäblichen Reformation der Universität erhebt keinen Anspruch auf Originalität. Zugrunde liegt ihm die schlichte These, daß die Universität eine freie, die Vorzüge des Informellen wie des Rituellen schätzende Körperschaft sui generis, eben eine Alma mater sein muß, wenn sie denn wirklich eine Universität sein will. Was die Universität heute braucht, ist: Ruhe. Nach Jahrzehnten hektischster, politisch-bürokratischer Dauer-(Nicht-)Reformen kommt es darauf an, sich der Bedeutung des Wortes Reform zu entsinnen: nämlich wiederherzustellen, was verlorenzugehen droht. Viele geschäftige Uni-Reformer haben die Universität bis zur (Hoch-)Schul-Unkenntlichkeit entstellt. Es kommt aber darauf an, die Universität zu verschonen, damit sie sich wirklich verändern, und das heißt, damit sie eine Renaissance erfahren kann. »Walter«, so heißt es in Eichendorffs Liebeserklärung an die Universität, die da *Dichter und ihre Gesellen* heißt, »Walter ging bei den Erinnerungen an die fröhliche Studentenzeit und bei dem langentbehrten weiteren und reichen Gespräch recht das Herz auf, er hatte gar bald alle Scheu und blöde Rücksicht abgeschüttelt. – ›Wie glücklich bist du zu preisen‹, rief er seinem Freunde zu, ›daß dir vergönnt ist, so mit den Vögeln durch den Frühling zu ziehen und die Reise nach Italien nun wirklich anzutreten, die wir in den heitersten Stunden in Heidelberg so oft miteinander besprachen. Das waren schöne Jugendträume!‹ / ›Das verhüte Gott!‹ versetzte Fortunat lebhaft, ›warum denn Träume?‹«

Anmerkungen

1 Johann Wolfgang Goethe: »Faust – Eine Tragödie«, in: *Sämtliche Werke nach Epochen seines Schaffens*. Münchner Ausgabe, ed. Karl Richter u. a., Bd. 6. I. München 1986, p. 545

2 Ibid, p. 546. Cf. zum »Ach« in der deutschsprachigen Literatur: Friedrich A. Kittler: *Aufschreibesysteme 1800/1900*. München 1985, p. 11 sqq., und Jochen Hörisch: *Das Ende der Vorstellung – Die Poesie der Medien*. Frankfurt/Main 1999, Kapitel III/1

3 E. T. A. Hoffmann: »Der Sandmann«, in: *Sämtliche Werke in sechs Bänden*, edd. Wulf Segebrecht/Hartmut Steinecke, Bd. 3. Frankfurt/Main 1985, p. 40

4 Von den zahlreichen bzw. kaum zu zählenden Darstellungen der Universitätsgeschichte seien nur fünf sehr unterschiedliche Bücher genannt – die materialreiche Darstellung von Thomas Ellwein: *Die deutsche Universität vom Mittelalter bis zur Gegenwart* (Frankfurt/Main 1985), der knappe Überblick von Wolfgang E. J. Weber: *Geschichte der europäischen Universität* (Stuttgart 2002), die vielbändige von Walter Rüegg: *Geschichte der Universität in Europa*. Frankfurt/Main 1993–2002, die detailreichen Fallstudien von Notker Hammerstein: *Res publica litteraria – Ausgewählte Aufsätze zur frühneuzeitlichen Bildungs-, Wissenschafts- und Universitätsgeschichte* (Berlin 2000) und die systemtheoretisch orientierte Untersuchung von Rudolf Stichweh: *Der frühmoderne Staat und die europäische Universität – Zur Interaktion von Politik und Erziehungssystem im Prozeß ihrer Ausdifferenzierung* (Frankfurt/Main 1991).

5 Jacques Derrida: *Die unbedingte Universität*. Frankfurt/Main 2001

6 Joseph von Eichendorff: »Aus dem Leben eines Tauge-

nichts«, in: *Werke in einem Band*, ed. Wolfdietrich Rasch, München 1966, p. 1136

7 Ibid., p. 1136. Unbestritten gibt es auch andere Töne. So klingt im berühmt-berüchtigten Jenaer Liederbuch der Gebrüder Follen aus dem Jahr 1819 (*Freye Stimmen frischer Jugend*, ed. August Adolf Ludwig Follen. Jena 1819) ein politisch militanter, auf wehrsportliche Ertüchtigung zielender Ton an. Cf. dazu Thomas Pester: *Zwischen Autonomie und Staatsräson – Studien zur allgemeinen deutschen und Jenaer Universitätsgeschichte im Übergang vom 18. zum 19. Jahrhundert.* Jena 1992, pp. 123–131

8 J. v. Eichendorff: »Gedichte«, in: *Werke in einem Band*, l.c., p. 17 sq.

9 Jacques Derrida: *Die Postkarte von Sokrates bis an Freud und jenseits.* Berlin 1982

10 Cf. dazu Jochen Hörisch: *Kopf oder Zahl – Die Poesie des Geldes.* Frankfurt/Main 1996, Kapitel II/4: »Die Armee, die Kirche und die Alma mater – Eine Grille über Körperschaften«

11 Walter Benjamin: »Sokrates«, in: *Gesammelte Schriften*, edd. Rolf Tiedemann / Hermann Schweppenhäuser, Bd. 2/I. Frankfurt/Main 1977, p. 131. Cf. ibid., p. 130 sq.: »In einer Gesellschaft aus Männern gäbe es nicht den Genius; er lebt durch das Dasein des Weiblichen. Es ist wahr: das Dasein des Weiblichen verbürgt die Geschlechtslosigkeit des Geistigen in der Welt. (…) Sokrates preist im Symposion die Liebe zwischen Männern und Jünglingen und rühmt sie als das Medium des schöpferischen Geistes. Nach seiner Lehre geht der Wissende mit dem Wissen schwanger, und das Geistige kennt Sokrates überhaupt nur als Wissen und als Tugend. Der Geistige aber ist – vielleicht nicht der Zeugende – sicherlich aber der ohne schwanger zu werden empfängt (sic!). Wie für das Weib unbefleckte Empfängnis die überschwängliche Idee von Reinheit ist, so ist Empfängnis ohne Schwangerschaft am tiefsten das Geisteszeichen des menschlichen Genius.«

12 Joachim Radkau: *Max Weber – Die Leidenschaft des Denkens.* München 2005

13 Ibid., pp. 282, 203

14 Klaus Heinrich: »Zur Geistlosigkeit der Universität heute«, in: *die tageszeitung* vom 30. Juni 1987. Diesem Text verdankt der vorliegende Essay viele Anregungen.

15 Unter den neueren Publikationen zu diesem Thema s. Gabriele Kämper: *Die männliche Nation – Politische Rhetorik der neuen intellektuellen Rechten.* Köln 2005, und Ulrike Brunotte: *Zwischen Eros und Krieg – Männerbund und Ritual in der Moderne.* Berlin 2004

16 J. W. Goethe, l.c., p. 584

17 Ibid., p. 584 sq.

18 Ibid., p. 585 sq.

19 Johann Wolfgang Goethe: »Faust – Der Tragödie zweiter Teil«, in: *Sämtliche Werke nach Epochen seines Schaffens.* Münchner Ausgabe, ed. Karl Richter u. a., Bd. 18.I. München 1997, p. 342

20 Wilhelm Raabe, *Werke in vier Bänden*, Bd. 3, 3. Aufl., Göttingen 1969, p. 702. © Vandenhoeck & Ruprecht GmbH & Co. KG. Cf. dazu Jochen Hörisch: »Zu Gericht sitzen – Wilhelm Raabes abgründige Prosa«, in: *Jochen Missfeldt trifft Wilhelm Raabe – Der Wilhelm Raabe-Literaturpreis und seine Folgen*, ed. Hubert Winkels. Göttingen 2003, pp. 75–101

21 Arthur Schopenhauer: »Die Welt als Wille und Vorstellung«, in: *Werke in zwei Bänden*, ed. Werner Brede, Bd. 1, München 1977, pp. 26 sq.

22 Dietrich Schwanitz: *Der Campus – Roman.* Frankfurt/Main 1995, p. 84. © Eichborn AG, 1995

23 zit. bei Th. Ellwein: l.c., p. 124

24 Und nicht nur heute – zumindest gestreift wird diese Frage in den meisten der über vierhundert Abhandlungen aus den letzten zwei Jahrhunderten, die sich zum Thema Student und Hochschule geäußert haben und die Friedhelm Golückes Bibliographie aufführt (*Verfasserlexikon zur Studenten- und Hochschulgeschichte – Ein bio-bibliographisches Verzeich-*

nis. Köln 2004; nicht alle angeführten Texte hat der Autor dieses Essays eingesehen).

25 Holger Dainat: »Von Bologna zum Bologna-Prozeß – Zur Studien- und Universitätsreform«; in: *Mitteilungen des Deutschen Germanistenverbandes 1/*2005, p. 19

26 R. Stichweh: l.c., p. 48

27 in: *Forschung & Lehre* 9/2005, p. 480 sq.

28 Das Kürzel W steht für Wissenschaft. Die in allen Bundesländern um 2003 eingeführte dreistufige W-Besoldung löst die bisherige vierstufige C-Besoldungsordnung ab. Assistenten erhalten ein W1-Gehalt (etwa in der Höhe einer Studienratsbesoldung), Professoren ohne Lehrstuhl (also ohne eigenes Sekretariat und ohne Assistentenstellen) erhalten ein W2-Gehalt (bisher C3), Lehrstuhlinhaber erhalten ein W3-Gehalt, dessen Sockelbetrag um gut tausend Euro niedriger ausfällt als das bisherige C4-Gehalt.

29 Wohl aber liegen Zahlen vor: die Drittmitteleinnahmen der deutschen Universitäten sind von 2035 Millionen im Jahr 1994 über 2830 im Jahr 2000 auf 3437 Millionen im Jahr 2004 gestiegen (Angaben des Statistischen Bundesamtes für die Zeitschrift *Forschung & Lehre* 11/2005, p. 582)

30 Eine solche Typologie ist schon mehrfach vorgeschlagen worden, etwa von Burton Clark: »Faculty Organisation and Authority«, in: *The Study of Academic Administration,* ed. T.F. Lunsford. Boulder 1963. Clark unterscheidet funktional zwischen »the teacher, the scholar-researcher, the demonstrator, the consultant« und psychologische Untertypen wie »the dedicated, the true bureaucrat, the homeguard, the elders«. Cf. dazu auch Pierre Bourdieu: *Homo academicus.* Frankfurt/Main 1984, p. 46 sqq.

31 P. Bourdieu: l.c.

32 Wilhelm von Humboldt: *Briefe – Auswahl von Wilhelm Rößle.* München 1952, p. 321

33 Christoph König, unter Mitarbeit von Andreas Isenschmid: »Engführungen – Peter Szondi und die Literatur«, in: *Marbacher Magazin* 108/2004, p. 74 sq.

34 zit. ibid., p. 74

35 Um mögliche Missverständnisse zu vermeiden: der Autor dieses Essays hat allen Grund, seinen direkten KollegInnen und MitarbeiterInnen am Seminar für deutsche Philologie der Universität Mannheim für gute, ja freundschaftliche Zusammenarbeit zu danken.

36 Johann Gottfried Herder: »Ideen zur Philosophie der Geschichte der Menschheit«, in: *Werke*, Bd. III/1, ed. Wolfgang Pross, München 2002, p. 827

37 Ulrich von Wilamowitz-Möllendorff: *Zukunftsphilologie!*, Bd. 1. Berlin 1872, p. 464 sqq.

38 Ulrich von Wilamowitz-Möllendorff: *Erinnerungen*, Bd. 1. Leipzig 1928, p. 465 sq.

39 Cf. dazu Jochen Hörisch: »Lob des Politikers«, in: *Merkur* 664/August 2004, pp. 726–730

40 Joseph von Eichendorff: »Erlebtes«, in: *Werke in einem Band*, l.c., p. 1514.

41 Bernhard Schlink: »Der Preis der Gerechtigkeit«, in: *Merkur* 667/November 2004, p. 993 sq.

Edition Akzente